Richtig schreiben/Sprache untersuchen

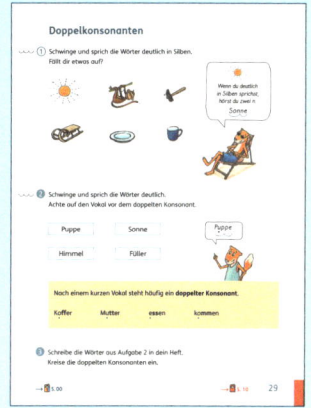

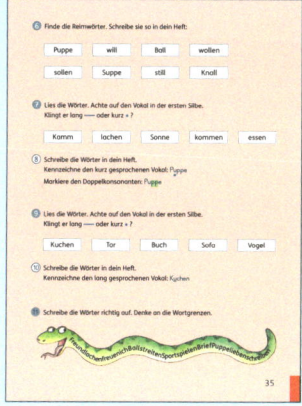

Der zweite Teil des Kapitels zeigt dir, wie du richtig schreibst. Üben kannst du auf den roten Seiten und im roten Arbeitsheft 📕

Texte schreiben

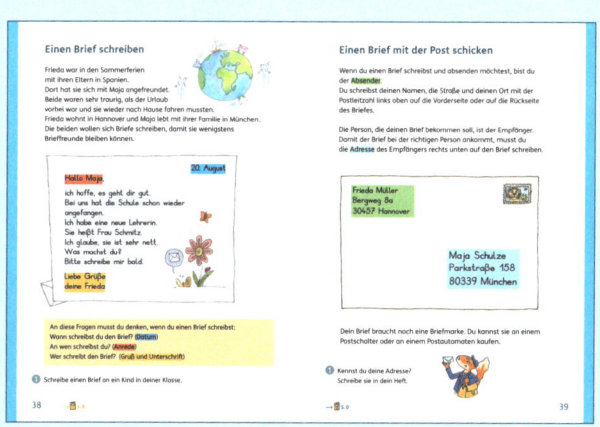

Am Ende des Kapitels findest du eine Seite zum Texteschreiben. Üben kannst du auf den blauen Seiten und im blauen Arbeitsheft 📘

Piktogramme:

 Verweis auf das Leselexikon

 Piris Trainingswörter

 Verweis in die Arbeitshefte

 Verweis in das Heft *Fördern inklusiv*

 Diese Texte sind nicht ganz leicht.

Strategiehinweise vor den Aufgaben:

 Schwingen

 Weiterschwingen

 Wortbausteine

A?a   Groß- und Kleinschreibung

 Ableiten

 Nachschlagen

Aufgabenkennzeichnung nach den Anforderungsbereichen der Bildungsstandards:

① Anforderungsbereich 1: Wiedergeben

② Anforderungsbereich 2: Zusammenhänge herstellen

③ Anforderungsbereich 3: Reflektieren und beurteilen

Piri 2

Erarbeitet von
Saskia Diederichs, Konstanz
Mona Hobelmann, Melle
Stephanie Kollatz-Block, Königswinter
Sonja Liebner-Möller, Troisdorf

Wissenschaftliche Beratung
Prof. Dr. Bernhard Meier, Nürnberg

unter Beratung von
Bettina Ackermann, Kreiensen
Petra Almstedt-Salten, Peine
Barbara Christmann, Leer
Astrid Haasler, Peine
Rita Lemper, Belm
Renate Mohrmann, Sudwalde
Sabine Noll, Braunschweig
Melanie Rabe, Bramsche
Gabriele Scheja-Kohlmorgen, Hannover
Katja Walkenhorst, Belm
Juliane Wilke, Ahlerstedt

Ernst Klett Verlag
Stuttgart • Leipzig

Inhalt

Jedes Kapitel gliedert sich in die Bereiche:

- 🟨 Lesen
- 🟧 Richtig schreiben/Sprache untersuchen
- 🟦 Texte schreiben

- ⬜ Methode/Arbeitstechnik

Bücherwelten

Wunschträume

Natur erleben

Märchenhaftes

Das Jahr

Miteinander

Mein 8. Geburtstag

Meine Familie

In der Bücherei

Ein fabelhafter Freundetag

Eines Morgens hüpfte die Maus hinunter zum Fluss.
Dort setzte sie sich und wartete auf ihre allerbesten Freunde.

Bald leisteten ihr dabei
der Hase, der Frosch und
5 die Schildkröte Gesellschaft.

Die allerbesten Freunde kamen nicht, aber Maus, Hase, Frosch
und Schildkröte verbrachten zusammen einen wunderbaren Tag.
Sie spielten und lachten. Sie teilten ihr Essen.

Als es Abend wurde, stand die Maus auf.
10 „So, ich muss dann mal los", sagte sie.

„Oh, du kannst doch jetzt nicht aufgeben!", rief der Hase.

„Ich bin sicher, sie kommen bald", sagte der Frosch.

„Warte doch noch ein kleines bisschen", stimmte die Schildkröte ein.

„Wir warten auch mit dir."

15 „Auf was warten?", fragte die Maus.

„Na, auf deine allerbesten Freunde natürlich!", sagte der Hase.

„Aber ihr seid doch alle hier!"
Die Maus lächelte.

„Hase ...

20 und Frosch ...

... und Schildkröte."

„Es gibt doch keine besseren Freunde als euch!"

Jane Chapman

(1) Was machst du mit deinen Freunden am liebsten?

→ 📙 S. 15   → 📘 S. 2/3   → 📙 S. 5

Das wünsch' ich mir

Ich möcht' ein bisschen glücklich sein.
Ich möchte mich mit andern freun.
Ich wünsch' mir, dass mich jemand fragt:
„Wie geht es dir?", und einfach sagt:
„Ich mag dich und bin gern bei dir!"
Das wünsch' ich mir!

Rolf Krenzer

Wen du brauchst

Einen zum Küssen und Augenzubinden,
einen zum Lustige-Streiche-Erfinden.
Einen zum Regenbogen-Suchen-Gehn
und einen zum Fest-auf-dem-Boden-Stehn.
Einen zum Brüllen, zum Leisesein einen,
einen zum Lachen und einen zum Weinen.
Auf jeden Fall einen, der dich mag,
heute und morgen und jeden Tag.

Regina Schwarz

1 Wen brauchst du?

Die Sprachbrücke

Worte Worte Worte
Worte Worte Worte Worte
Worte   Worte
Worte   Worte
Worte   Worte
Ich Worte   Worte Du

Christa Holtei

Gestern

Gestern hab ich mir vorgestellt,
ich wär der einzige Mensch auf der Welt.
Ganz einsam war ich und weinte schon,
da klingelte leider das Telefon.

Frantz Wittkamp

Sprachlos?

Stellt euch vor, es gäbe keine Sprache. Dann könntet ihr gar nicht miteinander reden! Es gäbe nämlich auch keine Wörter und keine Sätze.

So etwas könntet ihr dann nicht sagen.
Wenn jemand auf eurem Fuß steht, könntet ihr vielleicht nur „Mmhhh!!" machen und den anderen wegschubsen. Und dann gäbe es vielleicht eine Rangelei, weil der andere gar nicht weiß, was ihr von ihm wollt. Und ihr wärt beide aufeinander böse und würdet euch nie wieder ansehen. Aber weil ihr ja glücklicherweise sprechen könnt, ist alles nicht so schlimm.

Christa Holtei

① Wie entschuldigst du dich bei jemandem?

② Wie kannst du einen Freund um Hilfe bitten oder dich bei ihm bedanken?

Miteinander oder durcheinander?

Damit man in einer Gruppe miteinander sprechen kann, müssen Regeln abgesprochen und eingehalten werden.

Das sind die Gesprächsregeln der Klasse 2a:

1. Welche Regeln gibt es in deiner Klasse?

2. Welche ist deine wichtigste Regel? Begründe.

→ 📖 S. 7

Felix' größter Wunsch

Der schüchterne Felix hätte gern einen Freund, mit dem er spielen könnte.
Eines Tages zieht Philipp ins Nachbarhaus.

Die beiden spielen oft zusammen Fußball.
Aber Philipp möchte in einer Mannschaft spielen.
5 Felix weiß nicht, ob er das kann.
Nach einem langen Gespräch
melden die Eltern beide in einem Fußballclub an.
Schon beim ersten Training zeigt sich,
dass Philipp ein guter Fußballer ist.
10 Er schießt drei Tore.
Bei Felix klappt es nicht so gut,
weil er sich kaum etwas traut.
Er muss sich erst an seine Mitspieler
und den Trainer gewöhnen.
15 Mit jedem Tag wird Felix mutiger.
Er bemüht sich sehr, alle Übungen richtig zu machen.
Und in den Trainingsspielen kann er bald gut mithalten.
Felix' größter Wunsch ist es nun,
in der Mannschaft mitzuspielen.
20 Nach dem letzten Training vor dem ersten Punktspiel
liest der Trainer die Mannschaftsaufstellung vor.
Felix' Herz klopft wie wild.
„Ich drücke dir die Daumen", flüstert Philipp.
„Im Sturm beginnen wir mit Philipp und Alexander",
25 sagt der Trainer.
Felix ist nicht dabei.
Er muss kräftig schlucken,
kann die Tränen aber nicht zurückhalten. ...
Eine Stunde vor Spielbeginn ruft der Trainer bei Felix an.
30 Alexander ist krank geworden.
Für ihn darf Felix mitspielen.
Felix freut sich riesig.

Schnell sucht er seine Sachen zusammen. ...
Felix hat zum ersten Mal einen richtigen Dress an:
35 grünes Trikot, weiße Hose, grüne Stutzen.
Er ist stolz und hat gleichzeitig ein mulmiges Gefühl.
Philipp sitzt neben ihm und gibt ihm einen Klaps auf den Rücken.
„Also, Jungs", sagt der Trainer,
„spielt so wie im Training, dann kann nichts schiefgehen."
40 „Hoffentlich", denkt Felix.
Der Schiedsrichter pfeift das Spiel an.
Die Jungen des FC Winterlingen sind sehr nervös.
Felix verliert den Ball,
sein Gegenspieler läuft davon
45 und schießt ein Tor.
Felix lässt den Kopf hängen.
Kurz vor der Halbzeitpause
erwischt Philipp an der Seitenlinie den Ball
und stürmt los.
50 Felix spurtet sofort in die Spitze.
Im richtigen Augenblick flankt Philipp zur Mitte.
Felix springt hoch, ist als Erster am Ball
und köpft ihn ins Tor.
„Tor!", ruft er und reißt die Arme hoch.
55 Philipp kommt angerast.
Vor Freude rennt er Felix beinahe um.
Und beide strahlen wie die Weltmeister.

Manfred Mai

Fridolin und Flöckchen

Flöckchen war der hübscheste, knuddeligste und flauschigste Hund,
den man je im Tierheim gesehen hatte. Niemand wusste so genau,
warum er dort gelandet war, aber eins stand fest: Lange würde er nicht
bleiben müssen. Denn Flöckchen war so hübsch, knuddelig und flauschig,
5 dass jeder ihn am liebsten sofort mitgenommen hätte.

Und tatsächlich fand Flöckchen schon bald eine
neue Familie.
Die anderen Hunde im Tierheim freuten sich für
Flöckchen, aber sie waren auch ein bisschen traurig.
10 Zum Abschied riefen alle: „Auf Wiedersehen, Flöckchen!
Komm uns bald besuchen!"

Flöckchens Familie nahm ihn herzlich auf und zeigte
ihm sein neues Zuhause.

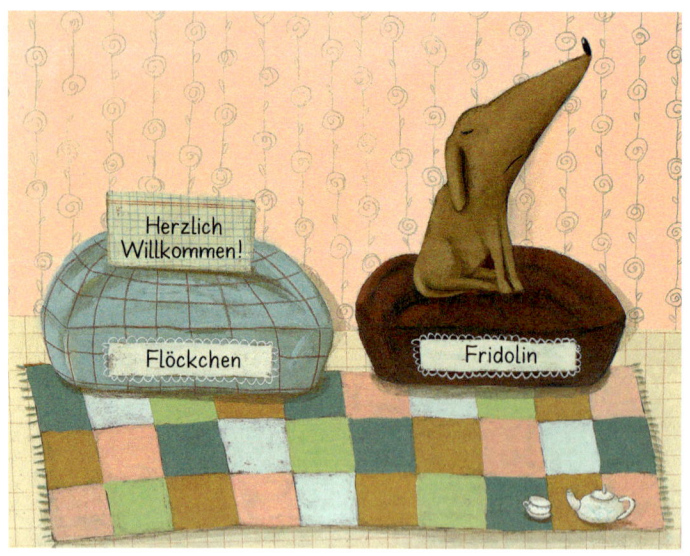

Ein Familienmitglied
15 aber war alles andere
als begeistert.
Sein Name war Fridolin.

Jen Hill

1 Warum ist Fridolin nicht von Flöckchen begeistert?

2 Wie könnte die Geschichte weitergehen?

Sofie hat einen neuen Pullover

Oma hat Sofie einen neuen Pullover geschenkt.
Er ist knallrot und hat einen Rollkragen.
Sofie findet den Pullover schön.
Die werden in der Schule staunen!
5 Auf dem Stuhl sitzt sie ganz gerade,
damit man den Pullover auch gut sieht.
In der Pause spielt sie nicht mit,
damit der Pullover nicht schmutzig wird.
Aber keiner sagt etwas,
10 nicht mal Frau Heinrich.

Am nächsten Tag will sie den Pullover
nicht mehr anziehen.
„Du spinnst wohl", sagt Sofies Mutter.
„Nein, ich spinne nicht", sagt Sofie.
15 „Keiner mag den Pullover."
„Wieso?", fragt Mutter.
„Keiner hat was gesagt."
„Hör mal", sagt Mutter,
„du hast mir doch erzählt:
20 Olli hat so schöne neue Stiefel.
Hast du ihm was dazu gesagt?"
„Nein", sagt Sofie.

Peter Härtling

1 Warum möchte Sofie den Pullover nicht mehr anziehen?

2 Lest den Text mit verteilten Rollen.

→ 📙 S. 7

Lesetraining

1 Lies die Wörter.

Schu le   Klas se   schrei ben   spie len

Te le fon   mit spie len   Ge schich te   Brief pa pier

Klas sen re geln   Pa pier flie ger   Ge burts tags fei er

2 Lies die Wörtertreppen.

Spiel   Baum
Spielzeug   Baumhaus

Sport   Sport
Sportfest   Sportplatz

Fuß   Freund
Fußball   Freundschaft
Fußballspiel   Freundschaftsspiel

3 Lies die Satztreppe.

Meine
Meine beste
Meine beste Freundin
Meine beste Freundin heißt
Meine beste Freundin heißt Lisa
Meine beste Freundin heißt Lisa und
Meine beste Freundin heißt Lisa und ich
Meine beste Freundin heißt Lisa und ich finde
Meine beste Freundin heißt Lisa und ich finde sie
Meine beste Freundin heißt Lisa und ich finde sie toll.

4 Lies die Abzählverse.

Übe, einen davon schnell zu lesen.

> Enne denne
> dubbe denne
> dubbe denne dalia
> ebbe bebbe benbio
> bio bio buff

> Ebberte, bebberte, zibberte za,
> ribberte, bibberte, bon,
> knabberte, babberte, zabberte za
> schubberte, knubberte, knon.

Volksgut

5 Welche Wörter haben sich im Nebel versteckt?

Geburtstag	Kuchen	Einladung
Spielplatz	Torte	Fest
Freundin	Kinder	feiern

6 Kannst du den Text lesen?

Ws st dnn hr pssrt?
D Kngsbchstbn snd vrschwndn.
Wr ht s nr vrstckt?
Knnst d hlfn?

Lesen mit dem Lesepfeil

Ein Lesepfeil hilft dir, lange Wörter und schwierige Texte zu lesen.

① Stelle dir aus festem Papier einen Lesepfeil her.

② Lies mit deinem Lesepfeil.

Lieblingsbücher

Piri liest gerne spannende Geschichten. Am liebsten liest er Geschichten mit Gespenstern, Monstern und Skeletten. Dabei kann er sich so schön gruseln. Seine Freundin Lotta liest lieber Geschichten über mutige Prinzessinnen, Drachen und tapfere Ritter.

③ Lies den Text einem Partner vor.

Silben schwingen

Bevor du ein Wort schreibst:

👄 Sprich es deutlich.

👂 Höre genau auf die Laute.

〰️ Schwinge das Wort in Silben.

Schreibe das Wort Silbe für Silbe.

❗ Jede Silbe hat einen König.

 Aa Ee  Ii Oo  Uu Au au  Äu äu Ei ei  Eu eu Ää Öö Üü

Achte auch auf:

 St/st  Sp/sp   -ie  -ng Pf/pf

〰️ ① Schwinge und schreibe die Wörter in dein Heft.

| Hose | Ampel | Telefon | Oma | Sterne |

→  S. 6   →  S. 3/4

Jede Silbe hat einen König

| A a | E e | I i | O o | U u | Au au | Äu äu | Ei ei | Eu eu | Ä ä | Ö ö | Ü ü |

~~~ (1) Schwinge und schreibe die Wörter in dein Heft.

~~~ (2) Setze die Silbenbögen und markiere die Könige: Sonne ...

(3) Suche den richtigen Weg.
Schreibe den Lösungssatz in dein Heft.

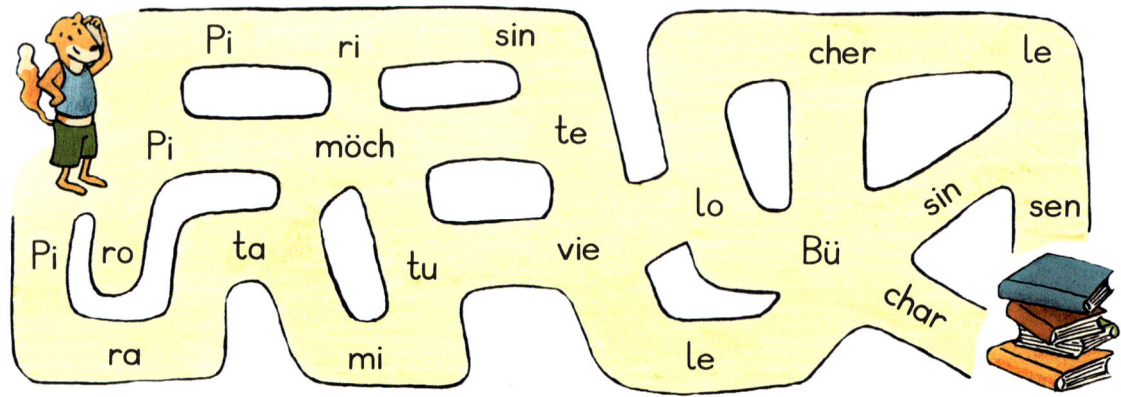

1 Welche Könige fehlen? Schreibe die Sätze vollständig in dein Heft.

ffen   ngeln   nanas.

sel   ssen   rdbeeren.

ndianer   mpfen   gel.

chsen   rdnen   rden.

hus   ntersuchen   hren.

len   h len   h te.

K nige   m gen   M hren.

2 Erfinde selbst solche Sätze.
Schreibe in dein Heft.

Schreibe am
Satzanfang groß.

3 Schreibe die Wortpaare mit passenden Königen in dein Heft.

| H se | N del | T nte | B ch |
| H se | N del | T nte | B ch |

| Sch le | T nne | P ppe | N bel |
| Sch le | T nne | P ppe | N bel |

4 Setze die Silbenbögen und markiere die Könige.

→ S. 7   → S. 5/6

Vokale (Selbstlaute) und Konsonanten (Mitlaute)

1 Sprich das Abc langsam.
Achte darauf, wie die Buchstaben gesprochen werden.

A B C D E F G H I J K L M N O P Q R S T U V W X Y Z

A ,Be, Ce, De, E, ...

2 Was fällt dir auf?

Die Könige **A E I O U** heißen **Vokale (Selbstlaute)**.
Sie werden im Abc so gesprochen, wie sie klingen.

Alle anderen Buchstaben heißen **Konsonanten (Mitlaute)**.
Sie werden im Abc anders gesprochen, als sie klingen.
Bei ihnen klingt immer ein Vokal mit.

B wie   heißt im Abc   *Be*

F wie   heißt im Abc   *Eff*

T wie   heißt im Abc   *Te*

3 Schreibe aus dem Abc alle Konsonanten in dein Heft.

4 Schreibe zu jedem Konsonant ein Wort
aus deiner Wörterliste: B – Baum, ...

5 Vergleiche deine gefundenen Wörter
mit einem Partner.

Lang gesprochene Vokale

Alle Vokale (Selbstlaute) können unterschiedlich lang gesprochen werden.

In manchen Wörtern klingen sie lang. ━━━━
Du kannst sie so lang gezogen sprechen, wie du ein Gummiband ziehen kannst.

Schaf   Vogel

Das Wort ist, auch wenn du den Vokal besonders lang sprichst,
noch gut zu verstehen.

① Lies die Wörter laut. Sprich den ersten Vokal besonders lang.

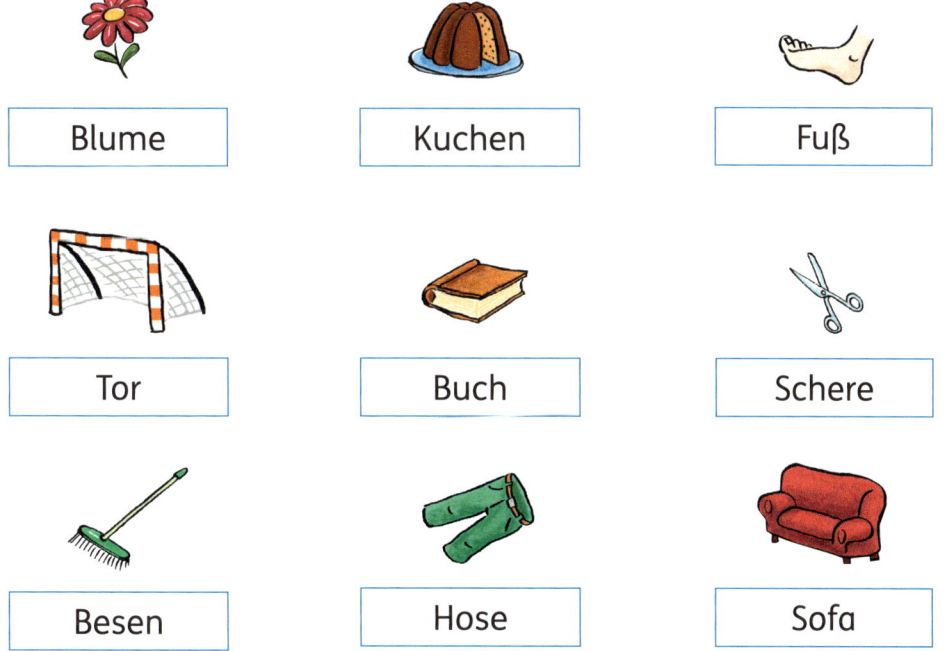

Blume	Kuchen	Fuß
Tor	Buch	Schere
Besen	Hose	Sofa

② Schreibe die Wörter in dein Heft.
Markiere den lang gesprochenen Vokal: Blume, …

→ 📙 S. 9

Kurz gesprochene Vokale

In manchen Wörtern klingen die Vokale nur ganz kurz. •
So wie ein Tipp mit dem Finger.

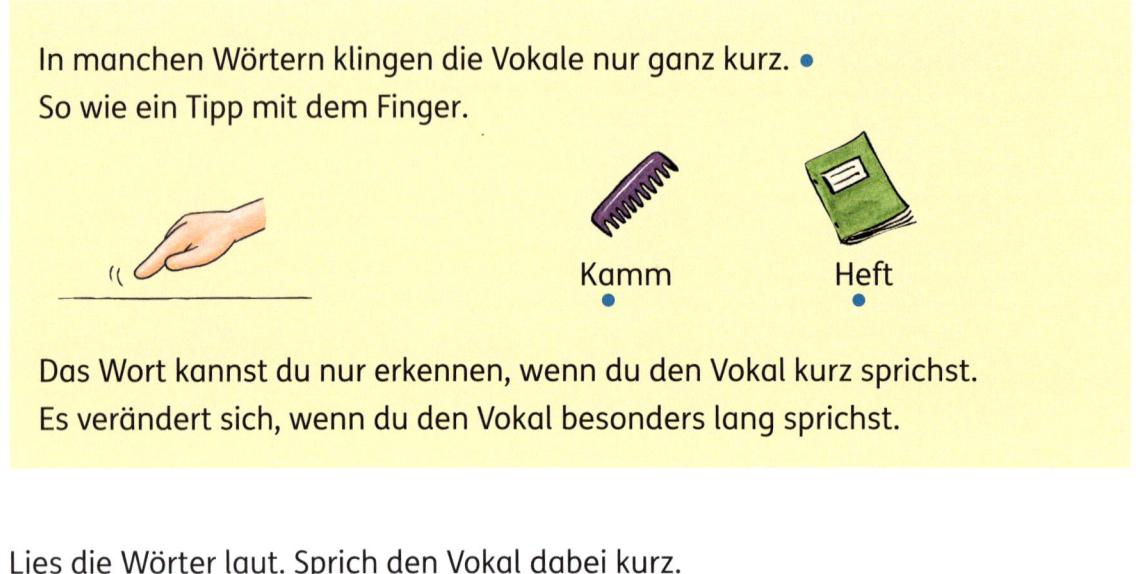

Kamm • Heft •

Das Wort kannst du nur erkennen, wenn du den Vokal kurz sprichst.
Es verändert sich, wenn du den Vokal besonders lang sprichst.

① Lies die Wörter laut. Sprich den Vokal dabei kurz.

Blatt	Nest	Milch	Mund
Ball	Tisch	Bett	Hund
Sonne	Schwamm	Stamm	Fenster

② Schreibe die Wörter in dein Heft.
Markiere den kurz gesprochenen Vokal: Blatt, …

Doppelkonsonanten

① Schwinge und sprich die Wörter deutlich in Silben.
Fällt dir etwas auf?

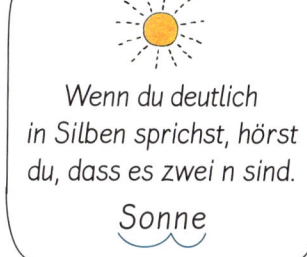

Wenn du deutlich in Silben sprichst, hörst du, dass es zwei n sind.
Sonne

② Schwinge und sprich die Wörter deutlich.
Achte auf den Vokal vor dem doppelten Konsonant.

Puppe	Tanne

Himmel	Füller

Puppe

Nach einem kurzen Vokal steht häufig ein **doppelter Konsonant**.

Ko**ff**er   Mu**tt**er   e**ss**en   ko**mm**en

③ Schreibe die Wörter aus Aufgabe 2 in dein Heft.
Kreise die doppelten Konsonanten ein.

→ S. 11/12   → S. 10

Richtig abschreiben

Beim Abschreiben kannst du die Rechtschreibung üben.

So schreibst du Wörter richtig ab:

Lies das Wort.
Sprich es langsam und deutlich.
Merke dir die schwierigen Stellen.

Lies das Wort noch einmal.
Decke es dann ab.

Schreibe das Wort.
Denke an die schwierigen Stellen.

Decke das Wort wieder auf.
Vergleiche.
Hast du alles richtig geschrieben?
Verbessere deine Fehler.

① Schreibe die Wörter richtig ab.

| Klasse | Freund | Streitschlichter | Gesprächsregeln |

→ 📙 S. 11

Wörter mit Sp/sp und St/st

1 Sprich die Wörter. Was hörst du am Wortanfang?

| inne | iegel | iefel |

| ern | ift | ein |

Hörst du am Anfang einer Silbe ein sch+t, schreibe immer **St/st**.

Hörst du am Anfang einer Silbe ein sch+p, schreibe immer **Sp/sp**.

---

2 Schreibe die Wörter aus Aufgabe 1 in dein Heft.

*Denke an
die Abschreibregeln.*

3 Schreibe den Text in dein Heft.

Piri liest gern spannende Bücher.
Maro macht lieber Sport.
Er spielt mit seinen Freunden Fußball.
Das macht ihnen viel Spaß.

4 Unterstreiche alle Wörter mit **Sp/sp**.

5 Setze **Sp/sp** oder **St/st** ein. Schreibe die Wörter in dein Heft.

| Geenst | iel | uhl | Beeck | ort |

Wortgrenzen einhalten

Timo hat Wörter zum Thema Freunde gesammelt.
Beim Aufschreiben ist ihm ein Fehler passiert.

Au/au, Ei/ei und Eu/eu werden Zwielaute genannt.

1 Lies Timos Wörter. Was hat er vergessen?

FreundSpielFreundeStreitLiebeFreundin

Jedes Wort hat eine Grenze. Lass deshalb beim Schreiben nach
jedem Wort eine Lücke.

2 Schreibe Timos Wörter in dein Heft. Denke an die Wortgrenzen.

3 Schreibe den Text richtig auf.

JanaliegtimBettundisttraurig.

HeutehabensichMamaundPapagestritten.

Janakanndasnichtverstehen.

Wennwirganzschnellsprechen,
kannmandieWörtermanchmalauchnicht
gutvoneinanderunterscheiden!

Wörter mit -ie

1 Sprich die Wörter. Wie klingt das i?

| B__ne | Br__fe | R__se | S__b |

Oft wird ein lang gesprochenes i als **ie** geschrieben:
Dieb, lieben, spielen.

2 Schreibe die Wörter in dein Heft.

Ich liebe Post!

3 Schreibe den Text in dein Heft. Markiere ie.

Der Brief

Lotta will mit ihrem Papa spielen.
Aber er liest lieber.
Da schreibt sie ihm einen Brief.
Papa lacht und sie gehen auf die Wiese.
Sie lassen einen Drachen fliegen.
Das macht viel Spaß.

Lieber Papa!
Bitte spiel
mit mir!
Deine
Lotta

4 Ergänze jeweils **ie** und schreibe die Reimpaare in dein Heft.

| d__ | W__ge | s__ | D__b |

| s__gen | l__b | l__gen | L__ge |

Wörtertraining

Freund	schreiben	lachen	freuen	ich
Brief	Tier	Puppe	Ball	wollen – will
Sport	spielen	Spiel	streiten	Streit

① Schreibe die Übungswörter in dein Heft. Setze Silbenbögen.

② Markiere die Könige.

③ **Sp** oder **St**? Schreibe die Wörter in dein Heft.

unde	ift	reit	ock	iegel

ern	inne	iel	amm	ort

④ **sp** oder **st**? Schreibe die Wörter in dein Heft.

ielen	reiten	ehen	ill	aren

ellen	olpern	reicheln	Be eck	Ge enst

⑤ Schreibe die Sätze in dein Heft.
Markiere die Wörter mit ie.

Lotta und ich spielen ein Spiel.
Marlon schreibt einen Brief an seinen Freund.
Maro liebt Tiere.

6 Finde die Reimwörter. Schreibe sie in dein Heft.

| Puppe | will | Ball | wollen | Suppe |

| sollen | Tier | still | Knall | Stier |

7 Lies die Wörter. Achte auf den Vokal in der ersten Silbe.
Klingt er lang —— oder kurz • ?

| Kamm | lachen | Sonne | kommen | essen |

8 Schreibe die Wörter in dein Heft.
Kennzeichne den kurz gesprochenen Vokal: Puppe
Markiere den Doppelkonsonanten: Puppe

9 Lies die Wörter. Achte auf den Vokal in der ersten Silbe.
Klingt er lang —— oder kurz • ?

| Kuchen | Tor | Buch | Sofa | Vogel |

10 Schreibe die Wörter in dein Heft.
Kennzeichne den lang gesprochenen Vokal: Kuchen

11 Schreibe die Wörter richtig auf. Denke an die Wortgrenzen.

FreundlachenfreuenichBallstreitenSportspielenBriefPuppeliebenschreiben

Ein „Ich-Lapbook" gestalten

Mit einem Lapbook (das ist englisch und wird *läppbuck* gesprochen) kannst du anderen etwas vorstellen.

Lisa hat ein Lapbook über sich gemacht.

Ich mache ein Lapbook über Wiesel!

- Gestalte ein Lapbook über dich. Überlege dir, was du anderen über dich mitteilen möchtest.

- Finde passende Überschriften für die einzelnen Fächer in deinem Lapbook. Schreibe sie zuerst auf Notizblätter.

- Sammle auf deinem Notizblatt möglichst viele Informationen zu deinen Überschriften.
- Gestalte dann die einzelnen Fächer für dein Lapbook.
- Schreibe in deiner schönsten Schrift.

- Klebe alles in dein Lapbook und stelle es deiner Klasse vor.

Einen Brief schreiben

Frieda war in den Sommerferien
mit ihren Eltern in Spanien.
Dort hat sie sich mit Maja angefreundet.
Beide waren sehr traurig, als der Urlaub
vorbei war und sie wieder nach Hause fahren mussten.
Frieda wohnt in Hannover und Maja lebt mit ihrer Familie in München.
Die beiden wollen sich Briefe schreiben, damit sie wenigstens
Brieffreunde bleiben können.

20. August

Hallo Maja,

ich hoffe, es geht dir gut.
Bei uns hat die Schule schon wieder
angefangen.
Ich habe eine neue Lehrerin.
Sie heißt Frau Schmitz.
Ich glaube, sie ist sehr nett.
Was machst du?
Bitte schreibe mir bald.

Liebe Grüße
deine Frieda

An diese Fragen musst du denken, wenn du einen Brief schreibst:
Wann schreibst du den Brief? (Datum)
An wen schreibst du? (Anrede)
Wer schreibt den Brief? (Gruß und Unterschrift)

1 Schreibe einen Brief an ein Kind in deiner Klasse.

Einen Brief mit der Post schicken

Wenn du einen Brief schreibst und absenden möchtest, bist du der Absender.
Du schreibst deinen Namen, die Straße und deinen Ort mit der Postleitzahl links oben auf die Vorderseite oder auf die Rückseite des Briefes.

Die Person, die deinen Brief bekommen soll, ist der Empfänger. Damit der Brief bei der richtigen Person ankommt, musst du die Adresse des Empfängers rechts unten auf den Brief schreiben.

Frieda Müller
Bergweg 8a
30457 Hannover

Maja Schulze
Parkstraße 158
80339 München

Dein Brief braucht noch eine Briefmarke. Du kannst sie an einem Postschalter oder an einem Postautomaten kaufen.

1 Kennst du deine Adresse?
Schreibe sie in dein Heft.

Bücher lesen heißt
wandern gehen in ferne Welten,
aus den Stuben über die Sterne.

Jean Paul

Bücherwelten

gerne Bücher,
lustig und
sind.　　Vanina

wenn es nichts
ehen gibt.
LUKAS

ücher über
eil ich dann
enne und
pielen kann.
Fabian

Meine Bücher

Ich liebe meine Bücher,
jedes Buch ist ein Haus.
Die Leute darin
kommen heraus.

Es kommen zu mir
Bettler, Prinz und Pilot,
Max und Moritz,
Schneeweißchen und Rosenrot.

Josef Guggenmos

① Sprecht über eure Lieblingsbücher.

② Wer kommt aus deinen Büchern heraus? Schreibe in dein Heft.

Der Wurm und die Ratte

Hoch vom Bücherturm
sah der Bücherwurm
eine Leseratte,
die kein Buch mithatte.

Leseratte, warte!
Ich hab eine Schwarte*
tausend Seiten lang.
Achtung! Fertig! Fang!

Danke lieber Wurm
auf dem Bücherturm
rief die Leseratte,
die ein Buch nun hatte.

Peter Maiwald

Kennst du die Bücher
aus dem Bücherturm?

HONNI UND NONNI

E-mails von Felix

HEXE Die große

DER REGEN FISCH BOGEN

4 FREUNDE

LARS DER KLEINE BRAUNBÄR

DAS MAGERE BAUM HAUS

Der Räuber PLOTZEN HOTZ

Lexe Hilli

Die kleine Raupe Immersatt

1 Wen nennt man Bücherwurm oder Leseratte?

* Schwarte sagt man manchmal zu einem sehr dicken Buch.

→ 📖 S. 9

Der Bücherfresser

① Lies mit dem Lesepfeil ⟩ .

Stens Großvater vererbte der Familie
seine Bücher, die Decke, auf der sein
Hund immer gelegen hatte, und eine
kleine Holzkiste, auf der stand:
5   „Nur für Sten. Unbedingt heimlich öffnen."

Die Decke wollten Stens Eltern nicht, wegen der Hundehaare.
„Und all die Bücher!", stöhnte Mama. „Was sollen wir mit denen?"
„Verfeuern!", schlug Papa vor.
Da guckte Sten ihn ganz streng an und sagte: „Also, ich verfeure
10 deine Autozeitschriften nicht, wenn du mal tot bist."
Papa wurde rot wie ein Radieschen – und schleppte Opas Bücher
auf den Dachboden. Dreiundzwanzig steinschwere Umzugskartons.
Danach musste er sich erst mal aufs Sofa legen. Sten aber schlich
auf den Dachboden, packte alle Bücher aus und stapelte sie zu
15 Wänden. Ein paarmal kippte alles zusammen, aber irgendwann
war sie fertig, seine Bücherhöhle. Als Dach nahm er die alte Decke
und als Beleuchtung Papas Taschenlampe. Dann kroch er mit der
„Unbedingt-heimlich-öffnen"-Holzkiste hinein.

Zwischen den Büchern roch es nach Opa. Hundehaare rieselten
20 von der Decke. Auf der Kiste klebte ein Brief.

> Hallo, Sten!
> Ich weiß, du magst keine Bücher. Hoffentlich hast
> du meine trotzdem vor eurem Ofen gerettet.
> Für das, was in der Kiste steckt, wirst du sie
> nämlich brauchen.
> Bis irgendwann in einem anderen Leben, Opa.

Sten wurde ganz kalt vor Traurigkeit. Still war es auf dem Boden, nur
der Regen prasselte aufs Dach. Sten fuhr sich mit dem Ärmel über
die Augen und riss das Paketband ab, mit dem die Kiste zugeklebt war.
30 Dann klappte er den Deckel auf.

Auf einem Haufen Papierschnipsel lag ein pelziges Etwas. Ein bisschen
wie ein Meerschwein sah es aus.

Cornelia Funke

② Wer oder was ist der Bücherfresser?

③ Wie geht die Geschichte weiter? Schreibe in dein Heft.

Aus dem Leben von Cornelia Funke

Die Autorin 📖 der Geschichte
„Der Bücherfresser" ist Cornelia Funke.
Außerdem hat sie auch die Bilder gemalt.
Man sagt, sie hat die Geschichte illustriert.

Cornelia Funke wurde 1958 in Norddeutschland
geboren. Heute lebt sie mit ihrer Familie in Amerika.
Schon früh hatte sie Spaß am Zeichnen und
deshalb studierte sie Buchillustration 📖.

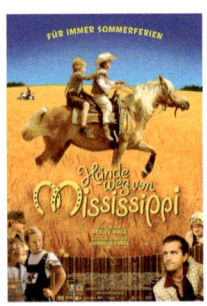

Da ihr oft die Texte nicht gefielen, zu denen
sie zeichnen sollte, begann sie eigene
Geschichten zu schreiben. Inzwischen macht
ihr das Schreiben so viel Spaß, dass sie sich
ein Leben ohne Schreiben gar nicht mehr
vorstellen kann. So wurde sie zu einer der
bekanntesten deutschen Kinder- und
Jugendbuchautorinnen. Auch du kennst
bestimmt Geschichten oder Bücher von
Cornelia Funke. Manche sind auch als
Hörbücher oder Filme erschienen.

1 Warum hat Cornelia Funke angefangen Geschichten zu schreiben?

2 Kennst du noch andere Bücher von Cornelia Funke?

Xaveria Rotpelz, die Bücherkatze

Die Bücherkatze Xaveria Rotpelz verbringt
die meiste Zeit des Winters in einer gut
geheizten Dachkammer. Dort liegt sie in
einer Hängematte und liest.

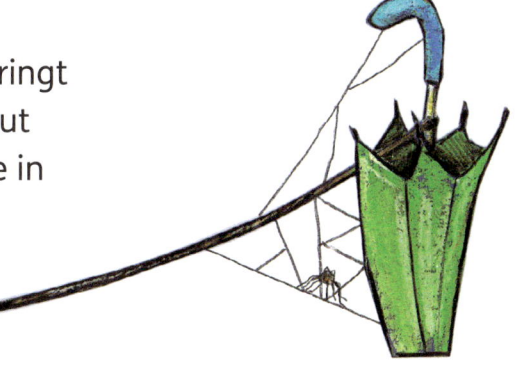

5 Die fünf Mäuse,
  die auch auf dem Dachboden wohnen,
  haben nichts zu befürchten. Hier oben ist
  ewiger Friede – hier wird gelesen! Sogar
  die Fliegen und die Motten lesen in dieser
10 Dachkammer winzige Insektenromane.
  Und die Spinne, die im Gebälk wohnt, hat
  schon lange kein Netz mehr gesponnen.
  Sie hat keine Zeit dazu, sie lernt gerade
  das Abc.

15 Ganz still ist es auf dem Dachboden.
  Man könnte meinen, hier ist nichts los,
  hier langweilt sich jeder.
  Weit gefehlt!
  Die Stille knistert nur so vor Spannung.

20 Die Leser sind auf fantastischer Reise. Sie sehen Gegenden,
  in die man mit keinem Schiff kommt.
  Sie erleben gefährliche Abenteuer aller Art.
  Sie sehen Länder, die es gar nicht gibt!
  Und dabei haben sie es gleichzeitig urgemütlich.
25 Bücherlesen ist doch echte Zauberei …

Erwin Moser

→ 📙 S.16   → 📙 S. 10

Pippilothek???

Die Maus genießt die Abendstille.
Doch plötzlich riecht es nach Fuchs.
Und da ist ein Geräusch ...

„Jetzt hab ich dich", zischt der Fuchs.
5 Aber die Maus verschwindet durch
ein Kellerfenster.
„Na warte!", knurrt der Fuchs und zwängt
sich ihr nach durch den Spalt.
Hinunter in den Keller. Über eine Kiste.
10 Durch ein Regal. Um die Ecke.
Hinein in ein enges Rohr und ...

... endlich kommt der Fuchs wieder aus der Enge.
„Wo ist die Maus?", knurrt er und schnuppert.
Aber hier riecht es vor allem nach Papier ...
15 und Menschen.

Da! Die Maus flitzt um ein Regal, und der Fuchs saust hinterher.

Plötzlich bleibt die Maus stehen:
„Psst! Wir sind an einem besonderen Ort.
Hier soll man niemanden stören. Und du störst mich ganz gewaltig!"

20 „Gleich schnapp ich dich, gleich gehörst du mir!", knurrt der Fuchs.
„Dir gehört hier gar nichts", kichert die Maus.
„Hier kann man alles nur ausleihen.
Und ICH gehöre dir ganz sicher nicht.
Das ist kein Jagdgebiet, sondern eine Bibliothek."

25 „Eine Pippi ... was?", fragt der Fuchs.
„Eine Bibliothek", sagt die Maus.
Der Fuchs schaut sich um:
„Was ist eine Pippilothek?"
„Ein Ort mit vielen Büchern, mit Büchern zum Ausleihen.
Und Bücher braucht's, um etwas zu erleben.
30 Um etwas zu lernen.
Um auf andere Ideen zu kommen."

Die Maus holt ein Bilderbuch und bringt es dem Fuchs.
„Für dich, damit du auf andere Ideen kommst."

(Auszug aus der Geschichte)
Lorenz Pauli/Kathrin Schärer

(1) Auf welchem Weg gelangt der Fuchs in die Bibliothek?

(2) Kannst du dem Fuchs erklären, was eine Bibliothek ist?

Rund um die Bibliothek

① Lies mit dem Lesepfeil .

Eine Bibliothek ist ein Ort, an dem Bücher gesammelt und ausgestellt werden. Dort kannst du Bücher lesen und ausleihen. Außerdem findest du hier auch Comics, Zeitschriften, Hörbücher, CDs und DVDs.

Dieser Ausweis ist nicht übertragbar.

Wenn du etwas aus der Bücherei mit nach Hause nehmen willst, brauchst du einen Leserausweis. So weiß man, welche Bücher du dir ausgeliehen hast und wann du sie zurückgeben musst.

Früher wurde alles mit der Hand aufgeschrieben. Heute erfassen Computer die Angaben.
Dafür haben alle Bücher einen Aufkleber mit einem Strichcode 📖.

② Wo gibt es in deiner Nähe eine Bücherei?

③ Was kann man dort außer Büchern noch ausleihen?

④ Plant einen Besuch.

Die Bibliothekarin

Jedes Buch, das neu ankommt,
erhält eine Nummer und wird
in einen Katalog eingetragen.
Danach ordnet die Bibliothekarin
das Buch in das richtige Regal.
Sie hilft dir, wenn du ein Buch
suchst. Für Schulklassen
bereitet sie Führungen vor.

Die Leser kommen jeden Tag
mit vielen Fragen und Wünschen
zur Bibliothekarin: Sie suchen
ein bestimmtes Buch oder sie
wollen die ausgeliehenen Sachen
noch länger behalten.
Aber auch die Bibliothekarin hat
einige Wünsche an die Leser.

1 Welche Wünsche könnten das sein?

2 Sammelt Fragen, die ihr einer Bibliothekarin stellen könnt.

Auch in vielen Schulen gibt es Bibliotheken,
in denen sich die Kinder Bücher ansehen,
lesen und ausleihen können.
Auch hier muss man bestimmte Regeln
beachten.

3 Welche Regeln für das Ausleihen von Büchern gelten bei euch?

Lesetraining

① Lies die Wörtertreppen.

Zeit
Zeitschrift

Buch
Buchdeckel

Bücher
Bücherregal

Autor
Autorenlesung

Geschichte
Geschichtenerzähler

Bibliothek
Bibliotheksausweis

② Lies die Wörter.

3 Lies die Treppensätze.

Ich
Ich lese
Ich lese gerne
Ich lese gerne spannende
Ich lese gerne spannende Bücher.

Frau
Frau Hühnchen
Frau Hühnchen isst
Frau Hühnchen isst Spinat
Frau Hühnchen isst Spinat nicht
Frau Hühnchen isst Spinat nicht ohne
Frau Hühnchen isst Spinat nicht ohne Spiegeleier.

Wir
Wir lachen
Wir lachen über
Wir lachen über Nils'
Wir lachen über Nils' lustige
Wir lachen über Nils' lustige Geschichte.

Vermutungen anstellen

Der Titel (Name des Buches) und die Bilder auf dem Buchdeckel (Buchcover) können dir verraten, worum es in dem Buch geht.
Schau dir deshalb den Buchdeckel vor dem Lesen genau an.

1 Schau dir den Buchdeckel genau an.
Was erwartest du von diesem Buch?

2 Besprich deine Vermutungen mit einem Partner.

③ Welcher Titel passt zu welchem Buch? Ordne zu.

Post für den Tiger	Tiere und ihre Kinder	Der Tiger

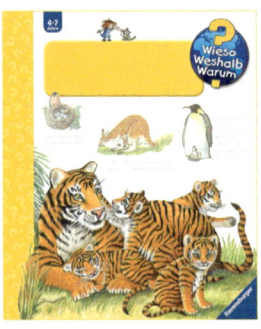  

4 Welcher Text stammt aus dem Buch *Die Sockensuchmaschine*?

Mama und Papa sind schuld. Man darf ein Mädchen nicht so nennen. Mädchen müssen Nina heißen oder Valeska oder Ann-Katrin ...

Der Professor erklärt: „[...] Hier unten sitzt der Sockenmagnet mit dem Riech-prozessor. Darüber der Knopf für die Knotenautomatik. [...]"

Eines Morgens tauchte Ritter Griesbart mit blank geputzter Rüstung und mit scharf ge-schliffenem Schwert vor der Höhle des Drachen auf ...

Nomen (Substantive)

① Was siehst du auf dem Bild? Beschreibe.

② Vermute: Gibt es auf dem Bild mehr Menschen, Tiere, Pflanzen oder Dinge? Übertrage die Tabelle in dein Heft und finde es heraus.

Menschen	Tiere	Pflanzen	Dinge
Baby	Hund	...	...

> Wörter für Menschen, Tiere, Pflanzen und Dinge nennt man **Nomen** (Substantive). Nomen werden **großgeschrieben**:
> *Mutter, Vogel, Baum, Roller.*

③ Überprüfe, ob du in deiner Tabelle alle Nomen großgeschrieben hast. Verbessere, wenn nötig.

R
~~r~~oller

④ Trage weitere Nomen in die Tabelle ein.

⑤ Warum ist es wichtig, Nomen erkennen zu können?

Nomen haben Artikel (Begleiter)

① Lies den Witz. Setze **der**, **die** oder **das** in die Lücken ein.

Fritzchen kommt in ⬚ Bücherei und sagt: „Letzte

Woche habe ich mir ein Buch von Ihnen ausgeliehen.

⬚ Buch war so langweilig! ⬚ Autor stand nicht

drauf, ⬚ Geschichte war kein bisschen spannend

und es kamen viel zu viele Personen vor!"

Da lächelt ⬚ Bibliothekarin und antwortet:

„Ach, du bist ⬚ Junge, der ⬚ Telefonbuch

mitgenommen hat!"

② Schreibe den Text in dein Heft. Unterstreiche **der**, **die** und **das**.

③ Welche Wörter stehen hinter **der**, **die**, **das**?

> Nomen haben Begleiter. Diese werden auch **Artikel** genannt.
> Es gibt bestimmte Artikel: **der**, **die**, **das**.
> Es gibt unbestimmte Artikel: **ein**, **eine**.
>
> *der Hund – ein Hund,*   *die Maus – eine Maus,*   *das Zebra – ein Zebra*

A?a ④ Die Schlange hat acht Tiere verschluckt.
Schreibe sie mit dem bestimmten Artikel **der**, **die** oder **das** in dein Heft:
der Hamster, ...

A?a **5** Die Schlange hat acht Dinge verschluckt.

Schreibe sie mit dem unbestimmten Artikel **ein** oder **eine** in dein Heft: ein Topf, ...

TOPFMÄPPCHENPUPPEBUCHSTIFTZANGEHOSESCHUH

A?a **6** Erfinde Schlangen, die Pflanzen oder Menschen verschluckt haben.
Dein Partner schreibt die Nomen mit Artikel in sein Heft.

7 Lies das Gespräch. Passt der bestimmte oder der unbestimmte Artikel besser?

Luana: „Guten Tag, können Sie mir helfen?
Ich suche ein/das Buch über Hunde."

Bibliothekarin: „Gerne. Hier haben wir zum Beispiel ein/das Buch über
Hunderassen."

Luana: „Nein, ich möchte lieber ein/das Buch über die Pflege
von Hunden."

Bibliothekarin: „Ach so. Dann kann ich dir ein/das Buch
„Mein Kinderhundebuch" empfehlen."

Luana: „Ein/Der Titel hört sich gut an. Ein/Das Buch möchte
ich gerne ausleihen."

8 Wann benutzt man den bestimmten
und wann den unbestimmten Artikel?
Tauscht euch aus.

> Ich lese **ein** Buch.
> **Das** Buch heißt
> „**Ein** Wiesel saß auf einem Kiesel".

→ S. 23–25

→ S. 16/17

Nomen in der Einzahl und Mehrzahl

Mika und Anne spielen das Spiel *1 oder 2?*

Ich habe eine Nase.

Ich habe zwei Augen.

Ich habe einen Hals.

Ich habe zwei ...

① Wie geht das Spiel weiter? Spiele mit einem Partner.
Du hast gewonnen, wenn deinem Partner nichts mehr einfällt.

> Nomen können in der **Einzahl** oder in der **Mehrzahl** stehen:
>
> *ein Auge – viele Augen,   das Auge – die Augen.*

A?a ② Schreibt die Körperteile, die ihr gefunden habt,
in Einzahl und Mehrzahl in eine Tabelle:

Einzahl	Mehrzahl
die Nase	die Nasen
das Auge	die Augen

Oje, jetzt wird das Spiel kompliziert!

A?a (3) **Bilde die Mehrzahl der Nomen. Schreibe sie in dein Heft:**

ein Flamingo – viele Flamingos, ...

Zootiere

Flamingo · Zebra · Affe · Elefant · Krokodil · Schlange · Giraffe · Wolf

(4) **Immer ein Wort in jeder Reihe steht in der Einzahl.**
Schreibe nur die Wörter in der Mehrzahl in dein Heft.

Manchmal werden aus den Vokalen a, o und u in der Mehrzahl die Umlaute ä, ö und ü.

Gänse Schweine Hirsche Kühe Pinguine Schlangen Fuchs Katzen

Scheren Hefte Radiergummis Buntstifte Umschläge Lineal Bücher

A?a (5) **Bilde die Mehrzahl zu folgenden Wörtern.**
Was fällt dir auf?

Teller

(6) **Bilde Sätze mit diesen Wörtern in der Einzahl und**
in der Mehrzahl. Schreibe sie in dein Heft.

→ 📙 S. 26/27 → 📙 S. 18

Nomenprobe

tüte oder Tüte?

Wenn du dir nicht sicher bist, ob ein Wort groß- oder kleingeschrieben wird, mache die Nomenprobe!

Wenn du mindestens zwei der folgenden Fragen mit ja beantworten kannst, ist das Wort ein Nomen.

Frage 1: Ist das Wort ein Mensch, ein Tier, eine Pflanze oder ein Ding?
Ja, Tüte ist ein Ding.

Frage 2: Kann ich einen Artikel vor das Wort setzen?
Ja, die Tüte

Frage 3: Gibt es das Wort in der Einzahl und in der Mehrzahl?
Ja, eine Tüte – viele Tüten

Tüte ist ein Nomen.

Aᶠa ① Mache die Nomenprobe mit folgenden Wörtern:

| BRUDER | SCHNELL | WANN | SONNTAG | UHR | LAUT |

② Schreibe mit jedem Nomen einen Satz in dein Heft.

Partnerdiktat

Beim Partnerdiktat kannst du die Rechtschreibung üben:

- Lest die Wörter gemeinsam.
- Sprecht über schwierige Stellen.

- Diktiere deinem Partner die Wörter langsam und deutlich.
- Dein Partner schreibt sie auf.
- Wenn dein Partner einen Fehler macht, sage: „Stopp!"

- Verbessert gemeinsam den Fehler.
- Diktiere weiter, bis dein Partner alle Wörter richtig aufgeschrieben hat.

- Tauscht die Rollen: Dein Partner diktiert, du schreibst.

(1) Übt die Wörter im Partnerdiktat:

- das Buch
- ausleihen
- der Titel
- die Autorin
- auswählen
- die Bibliothek
- die Leseecke

*Bist du fit?
Kannst du so auch
Sätze üben?*

→ 📖 S. 22/23

Aussagesätze bilden

① Lies die Satzteile und verbinde sie richtig.

In Tierbüchern	findest du Geschichten über Hexen.
In Kochbüchern	kannst du Wörter nachschlagen.
In Märchenbüchern	stehen viele Rezepte.
In Bilderbüchern	erfährst du etwas über Tiere.
In Wörterbüchern	gibt es viele Bilder.

② Schreibe die Sätze als Partnerdiktat in dein Heft.

A?a ③ Kontrolliert: Habt ihr den Satzanfang großgeschrieben?
Habt ihr am Satzende einen Punkt gesetzt?

> Satzanfänge werden großgeschrieben.
> Die meisten Sätze sind **Aussagesätze**.
> Am Ende eines Aussagesatzes steht ein Punkt: .

A?a **4** Schreibe Sätze zum Bild in dein Heft.

Achte auf die Großschreibung am Satzanfang und den Punkt am Satzende.

5 Lies den Text.

Schreibe den Text richtig auf. Setze Punkte.

Sophia liest am liebsten Bücher über Hexen
Hexe Lilli ist ihre Lieblingshexe Gerne würde
Sophia auch hexen können Dann würde sie
sich immer neue Bücher hexen

A?a **6** Lies den Text.

Schreibe den Text richtig mit Punkten und großgeschriebenen Satzanfängen auf.

Piratenbücher liest Julian besonders gerne er hat sich in
der Bücherei ein Sachbuch über Piraten ausgeliehen darin
erfährt er mehr über das raue Leben auf einem Segelschiff
Piraten überfielen sehr oft andere Schiffe sie mussten aber
auch viele schwere Arbeiten auf ihrem Schiff erledigen

→ S. 28/29   → S. 20/21

Wörter mit Pf/pf

① Arbeite mit einem Partner. Sprecht euch die Wörter deutlich vor.
Wie bewegen sich die Lippen beim **Pf/pf**?

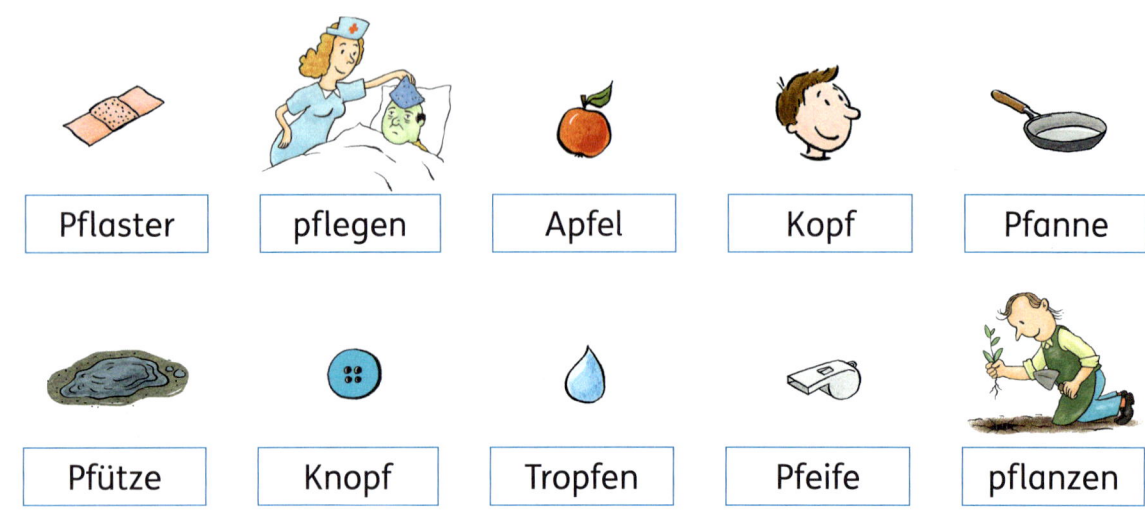

Pflaster	pflegen	Apfel	Kopf	Pfanne

Pfütze	Knopf	Tropfen	Pfeife	pflanzen

② Finde die Reimpaare. Schreibe sie in dein Heft.

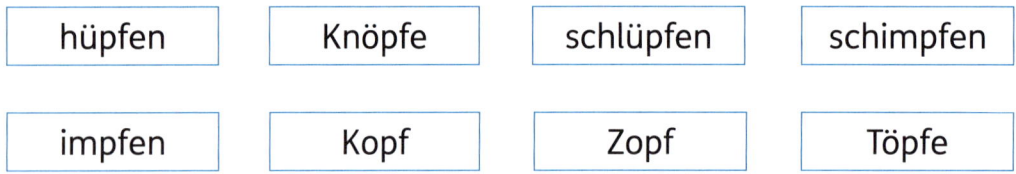

hüpfen	Knöpfe	schlüpfen	schimpfen
impfen	Kopf	Zopf	Töpfe

❸ Lies die Sätze. Setze passende Wörter mit **Pf/pf** ein.

Mit Gummistiefeln in große ⬤ zu hüpfen macht Spaß!

Der Schiedsrichter hat eine ⬤ im Mund.

Die Suppe kocht im ⬤ .

Oma würzt das Fleisch in der ⬤ mit Salz und ⬤ .

Bei einem Loch im ⬤ hilft kein ⬤ .

Wörter mit ß

Summt das s nach einem langen Vokal am Anfang der Silbe, dann schreibe ein s.
Rose

Zischt das s nach einem langen Vokal am Anfang der Silbe, dann schreibe ein ß.
Größe

(1) Schwinge die Wörter mit einem Partner. Hört genau hin.

   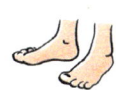  

(2) Schreibe die Wörter in dein Heft. Kontrolliere sie mit der Wörterliste.

Ho e   Stra e   Blu e   Fü e   Do e   Sü igkeiten

(3) Setze die Wörter passend ein. Schreibe die Sätze in dein Heft.

schießen   dreißig   fleißig   draußen

Die Lehrerin lobt uns, weil wir ___ geübt haben.

Gibt es in ___ Jahren überall Roboter?

Wenn die Sonne scheint, spiele ich gerne ___.

Hoffentlich ___ wir heute viele Tore.

Viele Grüße, meine Süße.

🟧 Wörtertraining

Straße	draußen	Pfütze	Pfanne
Süßigkeiten	schießen	pflegen	pflanzen
fleißig	Größe	hüpfen	Apfel
dreißig	Pflaster	Pfeffer	Pferd

① Schwinge die Wörter. Schreibe sie in dein Heft. Markiere **Pf/pf**.

② Setze die Wörter richtig zusammen.
Schreibe sie in dein Heft. Markiere **ß**.

drau	flei	drei	schie

ßig	ßen	ßen	ßig

③ Mach die Nomenprobe mit folgenden Wörtern.
Schreibe alle Nomen mit Artikel in dein Heft.

pflaster	straße	pfeffer	pfanne

schimpfen	süßigkeiten	pflegen	größe

4 **Pf** oder **F**? Schreibe die Wörter in dein Heft.

| ⬜erd | ⬜uchs | ⬜ütze | ⬜ahne |

5 **pf** oder **f**? Schreibe die Wörter in dein Heft.

| ⬜lanzen | hü⬜en | ⬜legen | ⬜liegen |

6 Schreibe die Sätze richtig in dein Heft. Setze Punkte.
Schreibe Nomen und Satzanfänge groß.

aufderstraßeliegteinapfel
ichhättegernedreißigpferde
draußengibtesvielepfützen
opapflanzteinengroßenapfelbaum

7 Schreibe den Text ab.

Lesen?
Simon hat sich in der Bibliothek Bücher ausgeliehen.
Er will fleißig sein und dreißig Seiten lesen.
Aber dann sieht er Mezut auf der Straße Fußball spielen.
Simon geht nach draußen.
Sie schießen fünfunddreißig Tore.
Ob Mama schimpfen wird?

8 Du kannst den Text als Partnerdiktat üben.

Ein Buch vorstellen

Maja hat das Buch „Das Vamperl"
gelesen.
Nun möchte sie es ihrer Klasse vorstellen.
Sie schreibt Titel, Autor und Verlag auf.

Titel: Das Vamperl,
Autor: Renate Welsh,
Verlag: dtv junior

Dann schreibt sie auf,
welche Personen wichtig sind,
was in dem Buch passiert
und warum es ihr gefällt.

Als Nächstes bastelt Maja etwas,
das zu ihrem Buch passt.

Dann wählt sie eine Stelle aus,
die sie vorlesen möchte.

Zum Schluss übt sie ihre Buchvorstellung;
erst alleine, dann mit einem Partner.
Der Partner gibt ihr Tipps.

① Erkennst du, was Maja zu ihrem Buch gebastelt hat?

Das ist ein Buchtheater.
Damit kann Maja eine
besonders schöne oder
spannende Stelle aus
ihrem Buch nachspielen.

Bastle auch ein Buchtheater!

Du brauchst:
- Schuhkarton
- Stifte
- Kleber
- Schere
- gute Ideen

So geht es:

- Überlege, welche Stelle des Buches du nachspielen möchtest.

- Male dazu einen passenden Hintergrund in den Karton.

- Benutze den Deckel des Schuhkartons
  zum Basteln der wichtigsten Personen.
  (Du kannst auch Spielzeugfiguren benutzen.)

- Überlege, was du zusätzlich brauchst.

- Spiele!

Zu einer Autorenlesung einladen

Die Kinder der Eulenklasse und
der Tigerklasse schreiben gerne
Geschichten.
Sie schreiben zu Zeitungswörtern,
Bildern, Postkarten, Überschriften,
Büchern oder eigenen Ideen.
Wer eine fertige Geschichte hat,
darf sie seiner Klasse im Kreis vorlesen.
Besondere Geschichten werden dann
für die Autorenlesung ausgewählt.

Einmal im Monat veranstalten die Eulen und die Tiger eine Autorenlesung.
Dafür lädt eine Klasse die andere ein. Ein Klassenzimmer wird geschmückt
und so hergerichtet, dass alle Kinder einen Sitzplatz haben. Vorne steht
ein Lesepult. Die Kinder, deren Geschichten ausgewählt wurden, dürfen
am Lesepult vorlesen.

Patrick darf seine Geschichte
„Das merkwürdige Buch", die
er zu dem Bild auf Seite 42
geschrieben hat, vorlesen.
Er ist aufgeregt:
Ob seine Geschichte den Kindern
gefällt?

① Möchtet ihr auch eine Autorenlesung halten? Tauscht euch aus.

Diesen Monat lädt die Tigerklasse die Eulenklasse zur Autorenlesung ein.
Drei Kinder haben eine Einladung entworfen.

② Lies die Einladungen mit einem Partner.
Was ist gut gelungen? Was fehlt?

Wir laden euch herzlich
zur Autorenlesung
nächste Woche
im Musikraum ein.
Kommt ihr?

Eure Tigerklasse

Hallo!
Wir laden euch herzlich
zur Autorenlesung
am Donnerstag ein.
Sie findet in der 5. Stunde
im Musikraum statt.

Einladung zur Autorenlesung

Hiermit laden wir euch, liebe Eulen,
zur Autorenlesung ein.
Zeit: Donnerstag, 5. Stunde.
Wir freuen uns auf euer Kommen.
Eure Tiger

Wer, wann,
wo, wozu?

③ Schreibe eine Einladung an die Tigerklasse für den nächsten Monat:

| Autorenlesung | Mittwoch | 3. Stunde |

Klassenzimmer der Eulenklasse

④ Wozu lädst du ein? Schreibe eine eigene Einladung.

→ 📘 S. 10

Wunschträume

T: Monika Erhardt; M: Reinhard Lakomy

Ich bin der Traum-zau-ber-baum,

mich sieht ein Kind nur im Traum,

wach-se im Traum-zau-ber-wald,

bin tau-send Jah-re schon alt,

hab' vie-le Blät-ter so fein,

ein Blatt ge-hört dir al-lein,

in je-dem Blatt steckt ein Traum,

ich bin der Traum-zau-ber-baum.

Ich träume davon, dass ich zaubern kann. Dann könnte ich schon zaubern, dass ich erwachsen bin. Lars-Helme

→ S. 31   → S. 13

Oskars Fenster und der Mond

„O wie schön, der Mond",
hatte Mutter am Abend gesagt,
als sie Oskar zu Bett brachte
und dabei kurz aus
dem Fenster sah.
Ja, der Mond:
Ihm erzählt
Oskar immer
dann, wenn
er mal
früher
aufwacht
als alle
anderen,
seine
Geschichten,
die erlebten,
erträumten,
erdachten
und erhofften.
Damit er den
Mond dabei sehen
kann, malt er um ihn
herum erst ein großes
O auf sein Fenster und
dann viele kleine – wie das
O am Anfang seines Namens.

In jedes hinein denkt und träumt er
seine Geschichten. Nur Oskar
und der Mond können sie
sehen. Sie sind immer
rund – wie die Welt,
der Mond, das O.
Die besten
Geschichten
malt oder
schreibt er
auf Papier,
gerade so,
wie er
es kann.
Dann freut
er sich, wenn
Mutter oder Vater
oder sogar beide zu ihm
sagen: „O wie schön."
Denn Oskar wünscht sich
schöne Erlebnisse und eine
schöne, bunte, runde Welt.

Ernst-J. & Roswitha Künne

1 Welche Geschichte erzählt Oskar dem Mond?

2 Denke dir eine Geschichte für den Mond aus.

3 Male einen Mond, der zu deiner Geschichte passt.

🐱 Eine Woche voller Samstage

① Lies mit dem Lesepfeil ▭⟩.

Seit Samstag wohnt das Sams schon bei
Herrn Taschenbier. Heute ist Freitag.
Da bemerkt der Herr Taschenbier etwas Seltsames …

„Sag mal, du hast ja überhaupt keine
₅ blauen Punkte mehr im Gesicht", fragte Herr Taschenbier,
als er dem Sams beim Aufräumen zusah.
„Hast du dich gewaschen?"
„Überhaupt keine Punkte?", fragte das Sams
erschrocken und hörte auf zu arbeiten.
₁₀ „Wo ist ein Spiegel?"
„Ein paar Punkte sind noch da", beruhigte es Herr Taschenbier.
„Aber der große auf der Nasenspitze ist weg.
Dabei möchte ich wetten, dass er vorhin noch zu sehen war."

„Du hast ihn doch gerade weggewünscht", rief das Sams.
₁₅ „Ich?", fragte Herr Taschenbier.
„Ganz sicher!"
„Rede keinen Unsinn!", sagte er.
„Wann soll ich denn diesen Punkt weggewünscht haben?"
„Eben hast du doch gesagt, dass du es wünschst", erklärte das Sams.

20 „Dass ich was wünsche?", fragte er zurück.

„Du hast gewünscht, dass ich aufräume."

„Na, siehst du", trumpfte Herr Taschenbier auf.

„Aber nicht, dass dein Punkt verschwindet."

„Er verschwindet doch, wenn du dir etwas wünschst", rief das Sams.

25 „Wer verschwindet?", fragte Herr Taschenbier.

Das Sams klopfte sich an den Kopf, fassungslos über so viel Dummheit.

„Der Punkt!", rief es.

„Jedes Mal, wenn du dir etwas wünschst,

verschwindet doch ein Punkt aus meinem Gesicht.

30 Und wenn kein Punkt mehr da ist, kannst du dir nichts mehr wünschen."

„Warum soll ich mir dann nichts mehr wünschen können?",

fragte Herr Taschenbier.

„Du kannst dir schon etwas wünschen,

aber es geht nicht sofort in Erfüllung", verbesserte sich das Sams.

35 „Du willst damit sagen: Alles, was ich mir wünsche, geht in Erfüllung?",

fragte Herr Taschenbier aufgeregt.

„Aber natürlich", rief das Sams zurück.

„Hast du das denn nicht gewusst?"

„Nein! Warum hast du es mir nicht gesagt?"

40 „Das ist doch immer so bei Samsen."

„Aber das weiß ich doch nicht."

„Warum hast du dann immer gesagt: ‚Ich wünsche',

wenn du etwas von mir wolltest?"

„Weil ich sehr schnell herausgefunden habe, dass du

45 nur das tust, was ich will, wenn ich ausdrücklich sage:

‚Ich wünsche es'."

„Na, siehst du", sagte das Sams.

Paul Maar

2 Warum ist Herr Taschenbier erstaunt, dass das Sams
nur noch wenige Punkte hat?

3 Stell dir vor: Das Sams hat nur noch einen Wunschpunkt.
Was würdest du dir wünschen?

→ 📙 S. 33   → 📘 S. 14   → 📒 S. 16

Manchmal wär ich gern ein Tiger

Manchmal wär ich gern ein Tiger.
Mein kleiner Bruder Simon
darf dann immer auf mir reiten.
Wenn Simon
in der Nacht Angst hat,
dann schlüpf ich zu ihm ins Bett
und beschütze ihn.
Er kuschelt sich an mein Fell
und ich erzähle ihm
eine Geschichte
aus dem Dschungel.

Erhard Dietl

① Was machst du, wenn du in der Nacht Angst hast? Erzähle.

→ S. 17

Manchmal

Manchmal wär' ich gern ein reicher Mann,
der alle Wünsche erfüllen kann.
Zähle jeden Tag mein Geld,
kaufe mir die ganze Welt.

Manchmal wär' ich gern ein großer Bär,
habe keine Ängste mehr,
halte bei den Kindern Wacht,
fürchtet keines mehr die Nacht.

Manchmal wär' ich gerne Astronaut,
der vom Mond zur Erde schaut.
Fliege durch Planet und Sterne
immer weiter in die Ferne.

Manchmal wär' ich gern Pirat,
Augenklappe, langer Bart.
Suche überall nach Schätzen
an den unbekannten Plätzen.

Manchmal aber fällt mir ein,
einfach nur ich selbst zu sein.

Dörte Kaufhold

① Was wärest du gerne manchmal?

② Was würdest du dann tun?

→ 📱 S. 15

„Was ist ein Traum?", fragte Jonas

„Was ist ein Traum?", fragte Jonas.
„Ein Traum ist etwas, das es nicht gibt", sagte seine Mutter.
„Aber ich habe heute Nacht geträumt", sagte Jonas.
„Also gibt es Träume."
5 „Aber was man im Traum sieht,
das gibt es nicht", sagte die Mutter.
„Das verstehe ich nicht", sagte Jonas.

„Das versteht niemand", sagte der Vater.
„Und jetzt hör' auf, uns Löcher
10 in den Bauch zu fragen."
„O nein, das will ich nicht", sagte Jonas leise,
„dass ihr Löcher im Bauch bekommt."

Dann lief er davon, und niemand beachtete ihn,
und er war ein bisschen traurig. Oben auf der Erde traf er den Fuchs.
15 „Was ist ein Traum?", fragte Jonas.
Der Fuchs sagte: „Ein Traum ist ein Buch in einer fremden Sprache.
Außen hat es ein schönes Bild. Oder ein hässliches, dann ist es
ein Albtraum."
„In einer fremden Sprache", dachte Jonas.

20 Dann traf er den Bären.
„Was ist ein Traum?", fragte er.
Der Bär sagte: „Ein Traum ist eine Geige, die spielt eine schöne Melodie.
Ist die Geige verstimmt, klingt es dir schlecht in den Ohren."
„Eine schöne, schöne Melodie", dachte Jonas.

25 Dann traf er den Hasen.
„Was ist ein Traum?", fragte er.
Der Hase sagte: „Ein Traum ist ein Fernrohr,
das sieht in deine Seele hinein."
„Aber was ist eine Seele?", dachte Jonas.

30 Dann traf er die Ameise.

„Was ist ein Traum?", fragte er.

Die Ameise sagte: „Der Traum ist ein anderes Land. Es ist sehr fern und sehr nah zugleich. Der Schlaf ist ein Boot, in dem wir fahren, um dieses Land zu erreichen. Um dich her kreischen die Möwen, und das Wasser singt."

35 „Ein anderes Land", dachte Jonas, „und das Wasser singt."

EIN BUCH.
EINE GEIGE.
EIN FERNROHR.
EIN ANDERES LAND.

Er lief nach Hause und wollte erzählen, wen er getroffen hatte unterwegs, und was ihm die anderen Tiere gesagt hatten.

„Iss etwas", sagte die Mutter.

„Putz dir die Zähne", sagte der Vater.

40 „Geh schlafen", sagte die Mutter.

Jonas sagte kein Wort, ging schlafen.

Später kam die Mutter an sein Bett, küsste ihn auf die Wange.

„Was ist ein Traum?", fragte er.

„Ein Traum", sagte die Mutter, „ein Traum ist wie ein Film, der in dir selbst
45 entsteht, und in dem du die Hauptrolle spielst. Manchmal ist er auch wie eine Reise. Diese Reise macht man nur mit dem Herzen."

„Danke", sagte Jonas. „Gute Nacht."

H. Schirneck/S. Graupner (gekürzt)

① Lest den Text mit verteilten Rollen.

② Warum bekommt Jonas so unterschiedliche Antworten?

→ S. 41 → S. 16 → S. 20

Lesetraining

① Lies die Wörter. Was fällt dir auf?

Mond   Son ne   Tor te   Os tern   Mon tag

Trom mel   Os kar   Don ners tag   Sport

② Lies die Sätze mit den sinnvollen Wörtern.

Mona betrachtet den *Mond* / *Mund* durch das Fenster.

Sie malt ihn mit bunten *Schriften* / *Stiften* .

Monas Bilder sind *rund* / *bunt* wie die Welt.

Sie wünscht sich schöne *Ergebnisse* / *Erlebnisse* .

Manchmal passen beide Wörter.

③ Lies den Text.

Manchmal wär ich gern Pirat mit Augenklappe
und langem Bart. Ich wär auch gern ein reicher
Mann, der dir Wünsche erfüllen kann. Oder
ich wär ein Krokodil und läge immer faul im Nil.

④ Lies noch einmal. Findest du die Reimwörter?

⑤ Übe nun, die Sätze wie ein Gedicht vorzulesen.

6 Lies die Sätze. Was fällt dir auf?

Spiegel anlegen

Lisa erzählt ihren Traum

Ich bin auf einem Drachen geritten.

Er hielt mich mit seinen Flügeln ganz fest.

Nach drei Stunden landete er mit mir auf einem Berg.

Dort erzählte er mir von seinen Abenteuern.

Morgen werde ich wieder auf ihm reiten.

Kommst du mit?

7 Lies die Wörterschlangen.

TRAUMSCHAUMHAUTBAUMSAUM

NACHTLACHTMACHTNASCHTKRACHT

REISEMEISELEISERIESESPEISE

DRACHENMACHENTAUCHENSACHEN

8 Über welche Wörter stolperst du?

Wichtige Wörter markieren (Schlüsselwörter)

Wie merke ich mir das Wichtigste?

Der Maulwurf lebt unter der Erde. Er ist fast blind. Mit seinen Schaufelhänden schiebt er die Erde zur Seite. So schafft er Gänge unter der Erde.

Der Maulwurf lebt unter der Erde. Er ist fast blind. Mit seinen Schaufelhänden schiebt er die Erde zur Seite. So schafft er Gänge unter der Erde.

Der Maulwurf lebt unter der Erde. Er ist fast blind. Mit seinen Schaufelhänden schiebt er die Erde zur Seite. So schafft er Gänge unter der Erde.

1 Welche Wörter habe Timo, Ali und Feyza in ihren Texte markiert?

2 Wie haben sie markiert?

3 Wie markierst du?

Um dich an einen Text zu erinnern, kannst du die wichtigsten Wörter markieren. Man nennt sie auch **Schlüsselwörter**. Gehe so vor:
1. Lies den Text ganz.
2. Lies den Text noch einmal, markiere dabei die wichtigsten Wörter.
   Du kannst zum Beispiel einen farbigen Stift benutzen, die Wörter einkreisen oder unterstreichen.
3. Lies nur die Wörter, die du markiert hast.
4. Erinnern sie dich an den ganzen Text? Wenn nicht, ergänze.

Nachschlagen

① Lies das Gedicht. Was fällt dir auf?

Das Abc

A und **B** und **C** –
ein Hase sitzt im Klee.
D E F G H –
er sitzt sehr lange da.
I J K und **L** –
dann springt er auf ganz schnell –
M N O P Q –
und ist davon im Nu.
R S T U V –
es rief ihn seine Frau –
W X Y Z –
ins Möhrenfeld, wie nett!

*I J K und L –
Ich lieb dein weiches Fell.*

② Kannst du das Abc auswendig sprechen?

> Unser **Abc** (Alphabet) hat 26 Buchstaben:
> A B C D E F G H I J K L M N O P Q R S T U V W X Y Z
>
> Außerdem gibt es noch die Umlaute Ä Ö Ü und das Sonderzeichen ß.
>
> Um ein Wort in einem Wörterbuch oder Lexikon nachzuschlagen,
> musst du das Abc kennen.

③ Schreibe das Abc in Kleinbuchstaben auf.

④ Welche Buchstaben fehlen? Schreibe die Gruppen vollständig auf.

| A C D E | I K L M | R S T V | V W X Z | D F G H | M O P Q |

→ 📘 S. 17   → 📙 S. 25

Ordnen nach dem ersten Buchstaben

① Schreibe die Tiernamen in dein Heft. Markiere immer den ersten Buchstaben.

② Schreibe nun die Wörter nach dem Abc geordnet auf.

| Fuchs | Gans | Esel | Affe | Igel |

③ Schreibe die Namen der Kinder auf Zettel.
Ordne sie nach dem Abc und schreibe sie so geordnet auf.

| Ole |  Xaver |  Kerem |  Johannes |  Pedro |

| Titus |  Max |  Arno |  Carlo |  Benno |

Ich weiß, an welcher Stelle die Buchstaben im Abc stehen. Deshalb fällt mir das Ordnen leicht.

ABCDEFGH IJKLMNOP QRSTUVWXYZ

④ Schreibe Namen von Kindern aus deiner Klasse nach dem Abc geordnet in dein Heft.

Ordnen nach dem zweiten und dritten Buchstaben

Lilo hat die Namen ihrer Puppen nach dem Abc geordnet.

Aische Alina Amelia Anna Astrid

1 Was fällt dir auf?

> Ist der erste Buchstabe bei Wörtern gleich, ordnet man nach dem zweiten Buchstaben. Ist dieser auch gleich, ordnet man nach dem dritten Buchstaben.

2 Schreibe die Wörter nach dem Abc geordnet in dein Heft.

Kiwi Keks Knödel Kohl Kraut Kuchen Kartoffel

3 Schreibe in dein Heft, was Piri kann. Markiere den zweiten Buchstaben. Ordne die Wörter nach dem Abc.

Ich kann viele Sachen machen!

4 Ordne die Wörter nach dem Abc. Worauf musst du achten? Schreibe in dein Heft.

| Fliege | Flamingo | Fledermaus | Flusspferd | Floh |

In der Wörterliste nachschlagen

1 Wie ist die Wörterliste aufgebaut?

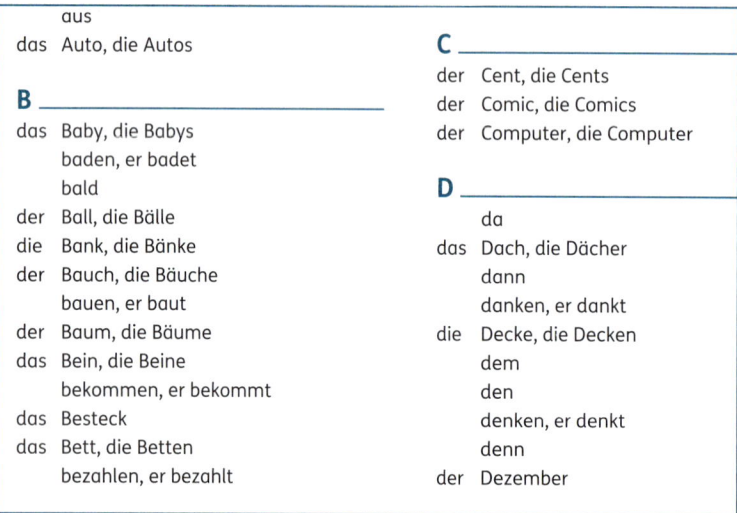

aus
das Auto, die Autos

B _____

das Baby, die Babys
     baden, er badet
     bald
der Ball, die Bälle
die Bank, die Bänke
der Bauch, die Bäuche
     bauen, er baut
der Baum, die Bäume
das Bein, die Beine
     bekommen, er bekommt
das Besteck
das Bett, die Betten
     bezahlen, er bezahlt

C _____

der Cent, die Cents
der Comic, die Comics
der Computer, die Computer

D _____

     da
das Dach, die Dächer
     dann
     danken, er dankt
die Decke, die Decken
     dem
     den
     denken, er denkt
     denn
der Dezember

„Erst B, dann C, dann D.“

2 Suche die Liste in deinem Buch.

3 Wie heißt das erste Wort mit B?

4 Welches Wort steht über *denken*?

> In der Wörterliste erkennst du an den **blau gedruckten** Buchstaben, mit welchem Buchstaben die Wörter anfangen.

5 Suche in deiner Wörterliste die Seiten zu den Buchstaben F, H, K, G und Z. Schreibe so in dein Heft: F steht auf Seite ....

6 Suche in der Wörterliste das erste Wort zu Kl, Hu, Ro, Ju und Sp. Schreibe so in dein Heft: Kl steht auf Seite ...

7 Suche die Wörter in der Wörterliste. Schreibe sie in dein Heft.

Im Wörterbuch nachschlagen

1 Wie ist die Seite im Wörterbuch aufgebaut?

2 Wie heißt das Wort unter *schmal*?

Wie finde ich „Schlösser"
im Wörterbuch?

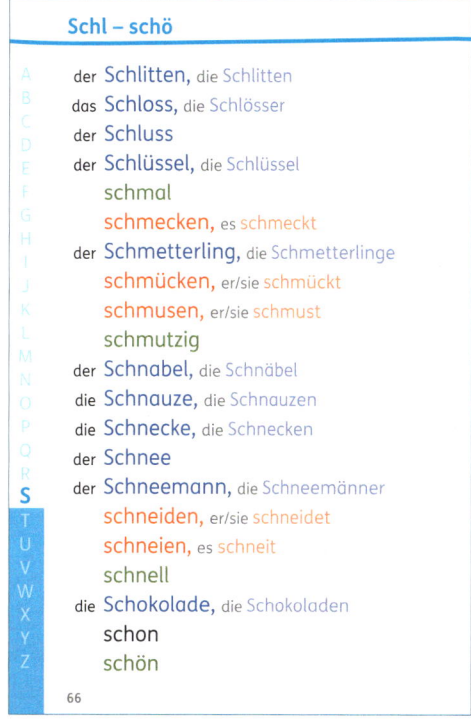

Schl – schö

A
B der **Schlitten**, die Schlitten
C das **Schloss**, die Schlösser
D der **Schluss**
E der **Schlüssel**, die Schlüssel
F   **schmal**
G   **schmecken**, es schmeckt
H der **Schmetterling**, die Schmetterlinge
I   **schmücken**, er/sie schmückt
J   **schmusen**, er/sie schmust
K   **schmutzig**
L der **Schnabel**, die Schnäbel
M die **Schnauze**, die Schnauzen
N die **Schnecke**, die Schnecken
O der **Schnee**
P der **Schneemann**, die Schneemänner
Q   **schneiden**, er/sie schneidet
R   **schneien**, es schneit
S   **schnell**
T die **Schokolade**, die Schokoladen
U   **schon**
V   **schön**
W
X
Y
Z
66

3 Betrachte die Abbildung. Kannst du helfen?

Bei Nomen in der Mehrzahl musst du vor dem Nachschlagen
erst die Einzahl bilden: *die Plätze → der Platz*.

4 Schlage nun folgende Wörter in deinem Wörterbuch nach.
Schreibe so in dein Heft: die Bücher: das Buch S. ...; die ...

         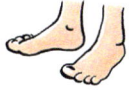

5 Hier fehlen einige Buchstaben. Kannst du die Wörter im Wörterbuch finden?
Schreibe sie mit Seitenangaben in dein Heft.

Pullo er   Temp ratur   To ter

→ 📙 S. 28

Verben in der Grundform

① Was geschieht auf dem Bild? Erzähle.

| saufen | schleichen | schaukeln | knabbern | fliegen |

② Schreibe die Verben in dein Heft. Setze Silbenbögen.

> **Verben (Tunwörter, Tuwörter)** sagen, was Menschen, Tiere, Pflanzen und Dinge tun.
> Verben werden **kleingeschrieben**.
> Alle Verben haben eine **Grundform**: *singen, bellen, blühen, liegen.*

③ Schreibe den Text in dein Heft und unterstreiche die Verben.
Schreibe sie untereinander heraus.

Toms Traum

Tom erzählt in der Schule von seinem Traum.
Im Traum trifft Tom ein Wiesel. Mit ihm spielt
und lacht er. Das Wiesel ist nett.
Die Kinder sprechen über ihre Träume.
Träumst du auch?

> *Die Grundform von **ist** ist **sein**.*

④ Schreibe die Grundform so daneben: erzählt – erzählen, ...

⑤ Kontrolliere mit deinem Wörterbuch. Was fällt dir auf?

→ 🗂 S. 29

Verben in der Personalform

1 Schau dir das Verb *wünschen* im Text an. Was fällt dir auf?

Lea **wünscht** sich einen Hund.
„Den **wünschen** wir uns auch!",
rufen Lukas und Maro.
Aber die Eltern sind dagegen.
„Was **wünschst** du dir noch?",
fragen Lukas und Maro.
„Ich **wünsche** mir, dass wir
immer Freunde bleiben",
antwortet Lea.

> **Verben** können sich verändern. Dann stehen sie in der **Personalform:**
> *ich geh**e**, du geh**st**, er (sie, es) geh**t**, wir geh**en**, ihr geh**t**, sie geh**en**.*
> Die Endung richtet sich danach, welche Person etwas tut.

2 Schreibe nun so in dein Heft: ich wünsche
du ...
er ...
wir ...

3 Unterstreiche die Endungen.

4 Schreibe auch das Verb *schreiben* in den Personalformen in dein Heft.

5 Schreibe die Sätze mit der richtigen Personalform der Verben in dein Heft.

Ich *lesen* ein Buch.
Maro *streiten* mit seinem Bruder.
Seine Eltern *basteln* mit ihm einen Drachen.
Du *kommen* mit mir nach Hause.

→ S. 34–36   → S. 30

Fragesätze

Lenas Wunsch

*Ich freue mich so,
dass du morgen kommst.
Bringst du mir ein neues Spiel mit?
Dann könnten wir es gleich spielen.*

*Das verrate ich nicht.
Warum bist du so neugierig?
Hast du nicht schon genug Spiele?*

① Lest das Gespräch. Mit welchen Sätzen werden Fragen gestellt?
Woran kannst du das erkennen?

> Wenn man etwas wissen möchte, stellt man Fragen:
> *Hast du heute Zeit für mich?*
> Solche Sätze heißen **Fragesätze**.
> Am Ende eines Fragesatzes steht immer ein Fragezeichen: ⬚ ?

② Schreibe die Sätze in dein Heft. Setze die Satzschlusszeichen.

Endlich steht Oma vor der Tür

Sie hält ein Paket in der Hand

Möchtest du es öffnen

Ob es wohl ein Spiel ist

Tatsächlich, Oma hat Lena den Wunsch erfüllt

③ Markiere die Fragezeichen und die Satzanfänge.

Fragewörter

Maros Wunsch

Die Klassen 2a und 2b spielen Fußball.
Heute will Maro endlich ein Tor schießen.
Da bekommt er den Ball.
Er umspielt zwei Kinder der anderen Mannschaft.
Er schießt auf das Tor und trifft. Seine Mannschaft gewinnt.
Nach dem Spiel rennen die Kinder zu Maro. Sie haben viele Fragen.
Alle reden durcheinander:

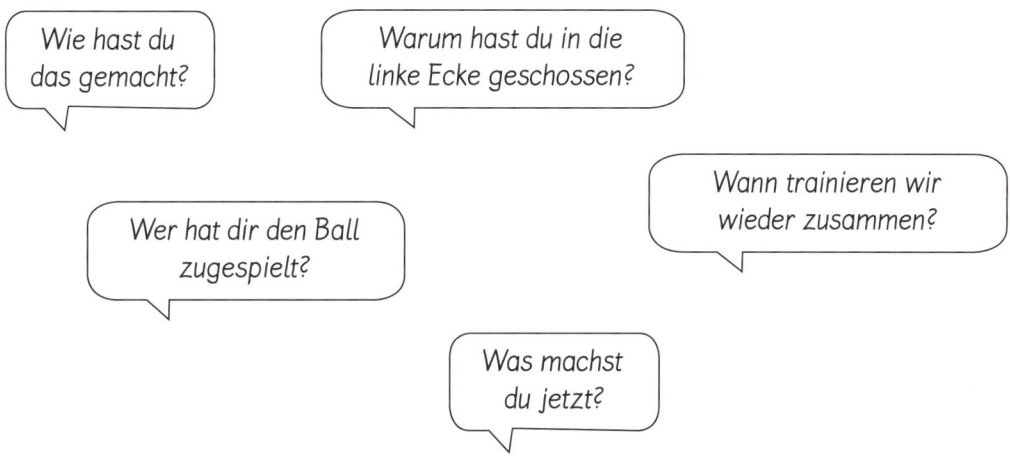

Wie hast du das gemacht?

Warum hast du in die linke Ecke geschossen?

Wann trainieren wir wieder zusammen?

Wer hat dir den Ball zugespielt?

Was machst du jetzt?

Am Ende einer Frage macht meine Stimme einen kleinen Sprung.

1 Schreibe die Fragen der Kinder in dein Heft.
Achte auf die Satzschlusszeichen.

2 Unterstreiche das erste Wort in jedem Satz.

Viele Fragesätze beginnen mit **Fragewörtern**:
Wer? Was? Wann? Wo? Warum? Wie?

3 Stelle einem Partner weitere Fragen zum Text.
Wie betont ihr eure Fragen?

→ S. 31/32

Wörter mit ck

Träumen

Müde liegt Tommi in seinem Bett.
Nur noch die Nase und die Augen **gucken** hervor.
Jacke und **Socken** hat er einfach in die **Ecke** geworfen.
Tommis **Dackel** will sich darunter verstecken.
Mama sagt: „Träum schön! Wir werden dich
rechtzeitig zu deinem Geburtstag **wecken**."

(1) Warum sind einige Wörter fett gedruckt? Schwinge die Wörter.
Wie klingt der Vokal in der ersten Silbe?

(2) Schreibe diese Wörter in dein Heft und setze die Silbenbögen.

(3) Markiere den Vokal vor **ck** so: gucken, ...

> Nach einem kurz klingenden Vokal folgt oft ein doppelter
> Konsonant. Für ein **doppeltes k** schreibst du **ck**: Zu**ck**er.

(4) Schreibe die Wörter in dein Heft und setze die Silbenbögen.
Markiere den Vokal vor **ck**.

| Backe | Rücken | entdecken | sticken | Hacke | Brücke |

(5) Schreibe die Wörter aus der Schlange in dein Heft. Markiere den kurz
gesprochenen Vokal. Achte auf die Groß- und Kleinschreibung.

DECKESTÖCKESCHMECKENRÖCKELECKENHECKE

(6) Findest du die Reimwörter? Färbe sie in der gleichen Farbe.

Wörter mit tz

Wünschen

Was **kitzelt** Tommi an der Nase?
Sofort ist er hellwach. Mama und Papa
sitzen an seinem Bett und Mama sagt:
„Dein Geschenk wartet auf dich."
Schon sieht man Tommi ins Wohnzimmer **flitzen**.
Da liegt tatsächlich eine kleine **Katze** im Korb.
Und der Dackel liegt neben ihr.
„Das sieht aber **witzig** aus", ruft Tommi.

① Warum sind einige Wörter fett gedruckt? Schwinge die Wörter.
Wie klingt der Vokal in der ersten Silbe?

② Schreibe diese Wörter in dein Heft und setze die Silbenbögen.
Markiere den Vokal vor **tz** so:

> Nach einem kurz klingenden Vokal folgt oft ein doppelter Konsonant.
> Für ein **doppeltes z** schreibst du **tz**: *Mütze*.

③ Setze die Verben richtig ein.

Ben muss seinen Bleistift ____ .

Tim und Lisa ____ in der Schule nebeneinander.

Tommis Hund und die Katze ____ um die Wette.

sitzen

flitzen

anspitzen

④ Schreibe die Wörter auf. Kontrolliere mit deinem Wörterbuch.

Wörtertraining

wünschen	wohnen	Katze	träumen	Decke
	sprechen – spricht	möchten	können – kann	
entdecken	bekommen	Brücke	müssen – muss	

① Schreibe die Verben aus dem Kasten in der Grundform in dein Heft.
Setze Silbenbögen.

② Schlage die Verben im Wörterbuch nach.
Schreibe die Seitenangaben dahinter.

③ Immer zwei Verben reimen sich.
Schreibe die Reimpaare jeweils nebeneinander.

wohnen	weinen	erzählen	spielen	müssen
zielen	belohnen	wählen	küssen	meinen

④ Bilde die Personalformen der Verben *können*, *sprechen* und *müssen*.
Schreibe sie so in dein Heft:

ich kann	ich spreche	ich muss
du …	du …	du …
er …	er …	er …
wir …	wir …	wir …

(5) Schreibe die Sätze richtig auf.
Schreibe nur die Nomen und die Satzanfänge groß.

DUERZÄHLSTVONDEINEMTRAUM.

DUKANNSTBISINDIEWOLKENFLIEGEN.

MÖCHTENDIEKINDERIHRENTRAUMERZÄHLEN?

(6) Schreibe die Sätze richtig in dein Heft.
Achte auf die Satzschlusszeichen.

Tom träumt von einer Katze er singt, weint und lacht mit ihr in
der Schule kann er seinen Traum erzählen ob die Lehrerin lachen
muss nun möchten alle Kinder über Träume sprechen

(7) Markiere alle Satzanfänge und Satzschlusszeichen.

(8) Schreibe den Text ab.

Träume

Alle Kinder erzählen in der Schule ihre Träume.
Toni und Lisa entdecken auf der Brücke eine Katze.
Sie spielen und lachen mit ihr.
Die Katze möchte bei ihnen wohnen.
Sie bekommt eine warme Decke.

(9) Du kannst den Text als Diktat üben.

Ein Klassenplakat erstellen

Ich wünsche mir, dass mein Papa mehr Zeit für mich hat.

Ich wünsche mir, dass mich mein Bruder nicht mehr ärgert.

Ich träume davon, einmal im Meer schwimmen zu können.

Ich möchte später gerne einmal Lehrerin werden.

Ich hätte so gerne einen Hund.

Die Kinder der Klasse 2a haben ihre Wünsche aufgeschrieben.
Sie möchten, dass alle Mitschüler ihre Texte kennen lernen.
Sie tauschen ihre Meinungen aus.

Ich schlage vor, dass wir alle Texte nacheinander vorlesen.

Wir könnten doch die Zettel nebeneinander auf einen Tisch legen.

Ich fände es toll, wenn wir einen Wunschbaum basteln. Den kleben wir dann auf ein Plakat.

Ich hätte gerne ein Wünschebuch.

Was haltet ihr von einem Wunschbriefkasten?

① Welche Vorschläge gefallen euch? Begründet.

② Sammelt weitere Ideen.

Die Kinder der 2a gestalten ein Klassenplakat.

So gestaltet ihr ein Klassenplakat:

- Sprecht genau ab, in welcher Form die Texte oder Bilder angefertigt werden sollen.
- Legt die Größe und die Anzahl der Beiträge fest.
- Überlegt euch gemeinsam eine passende Gestaltung des Plakates.
- Fertigt dazu eine Skizze an.

3 Plant und gestaltet ein eigenes Klassenplakat.

Elfchen schreiben

Die Kinder der Klasse 2b haben besondere Gedichte zu ihren
Träumen geschrieben.

Silbern
zwei Feen
sie sind leicht
ich schwebe mit ihnen
Zaubertraum
Tim

Wundervoll
die Traumwelt
große tolle Träume
ich mag sie gern
Weltraum
Halil

Gefährlich
eine Höhle
es ist dunkel
ich sehe ein Gespenst
aufwachen
Julie

Gruselig
der Geist
er ist böse
ich mag ihn nicht
Angst
Duru Su

Spiderman
der Kampf
es ist gefährlich
ich träume von ihm
toll
Jermaine

1 Diese Gedichte nennt man Elfchen.
Findest du heraus, wie sie zu ihrem Namen gekommen sind?

Sina möchte ihr Traumelfchen verschenken.
Deshalb plant sie genau, wie sie es aufschreiben wird.

Weiß
viele Wolken
sie schweben hoch
ich entdecke schwarze Vögel
Himmelsfiguren
Sina

Elfchen sind besondere Gedichte. Sie bestehen aus elf Wörtern.
Sie werden so auf die Zeilen aufgeteilt:

erste Zeile: ein Wort
zweite Zeile: zwei Wörter
dritte Zeile: drei Wörter
vierte Zeile: vier Wörter
fünfte Zeile: ein Wort

2 Schreibe ein eigenes Traumelfchen.

Wie soll ich denn anfangen?

Ich schreibe über meinen gruseligen Traum.

3 Schreibe dein Elfchen auf ein Schmuckblatt.

Englandreise

Schottland

Nord-irland

Wales

Briefe von Felix

Felix heißt Sophies Kuschelhase.
Leider hat sie ihn auf dem Flughafen verloren.
Heute aber kommt ein Brief von ihm.

LONDON, IM AUGUST

LIEBE SOPHIE,

LEIDER HABE ICH DICH IM FLUGHAFEN
VERLOREN. ABER BITTE MACH DIR KEINE
SORGEN UM MICH! MIR GEHT ES GUT.
ICH BIN IN EIN FALSCHES FLUGZEUG
GESTIEGEN. DAS FLOG ABER NICHT NACH
HAUSE, SONDERN NACH LONDON. HIER
GIBT ES EINE VIERECKIGE BURG AN EINEM
FLUSS, ABER DER FLUSS IST GANZ SCHÖN DRECKIG!
ES GIBT AUCH EINEN GROSSEN PALAST. DA
STEHEN VIELE MÄNNER MIT
SELTSAMEN MÜTZEN VOR.
SO EINE MÜTZE WÜRDEST
DU NICHT MAL IM WINTER ANZIEHEN. UND
NOCH ETWAS IST KOMISCH, ALLE REDEN
HIER GANZ ANDERS.

ICH MELDE MICH BALD WIEDER,
DU FEHLST MIR. DEIN
FELIX.

Sophie kann es kaum glauben. Ein echter Brief von ihrem Felix!

5 Erst macht ihr Herz einen Riesensprung, dann drückt sie den Brief
fest an sich. Als Nächstes umarmt sie Mama, holt tief Luft und brüllt:
„Lena, Nicolas, Julius, seht euch das an!" Als Papa von der Arbeit nach
Hause kommt, darf er auch den Brief lesen und staunt nicht schlecht.
„So, so, so", sagt er, „der Ausreißer ist also in London

10 gelandet! Das ist die Hauptstadt 📖 von England." – „Wie viele
Menschen wohnen in einer Hauptstadt?", fragt Sophie und möchte
nun ganz genau wissen, wo ihr Felix steckt.

Mit Papa schaut sie im
Lexikon unter LONDON nach.

15 Tatsächlich, da steht:
„Hauptstadt Englands und
Nordirlands, liegt beiderseits
der Themse, sieben Millionen
Einwohner, königliche Residenz 📖,

20 rund 1600 Kirchen und Kapellen,
Festungsanlage ‚Tower of London',
Parlamentsgebäude, im 14. Jahrhundert
eine der größten Städte Europas."

Autorin: Annette Langen/Illustratorin: Constanza Droop

Buckingham Palace

Irish Guard

1 Was erfährst du über London?

2 Sammle weitere Informationen. Ihr könnt auch ein Plakat gestalten.

Tower Bridge

Tower of London

Alice im Wunderland

Angefangen hatte es damit, dass Alice recht neugierig war.
Und als eines Tages ein weißes Kaninchen vorbeihüpfte,
eine Uhr aus der Westentasche zog und dabei noch seufzte:
„Jeje, ich komme zu spät zur Königin!", rannte sie ihm nach,
5 denn so etwas konnte sie sich doch nicht entgehen lassen.

Doch das Kaninchen schlüpfte
in eine Höhle hinein, Alice hinter
ihm her, und auf einmal sauste sie
hinab in ein Loch und rutschte
10 immer tiefer und wurde dabei
immer kleiner und kleiner –
bis sie nur noch ein wenig größer
war als drei Daumen.

Dann flog sie sanft, ganz sanft
15 wie eine Schneeflocke hinab.
Das Kaninchen aber kroch aus dem
unterirdischen Gang wieder heraus,
niemand weiß wohin, und Alice
blieb allein zurück. Sie war ins
20 Wunderland geraten.

Alice gelangte in einen Wald und
sah dort einen schönen Pilz, auf
dem sich eine große blaue Raupe
niedergelassen hatte. Sie saß
25 mit verschränkten Armen
auf dem Hut des Pilzes und
rauchte gemütlich eine Pfeife,
ohne sie auch nur im Geringsten
zu beachten.

30 Schließlich nahm die Raupe die Pfeife aus dem Mund und fragte:
„Wer bist du?"
Alice antwortete: „Ich weiß es im Augenblick kaum.
Ich glaube, ich bin, seitdem ich heute morgen
aufgestanden bin, mehrmals ein anderer geworden."
35 „Was meinst du damit?", fragte die Raupe streng.
„Ich kann es nicht deutlicher erklären",
antwortete Alice sehr höflich. „Es ist sehr
verwirrend, wenn man an einem einzigen Tag
so oft die Größe wechselt."
40 „Gar nicht", sagte die Raupe ...

Dann fragte sie: „Bist du zufrieden, so wie du bist?"
„Nun, ich wäre gern ein bisschen größer", sagte Alice.
„Acht Zentimeter ist ein gar zu jämmerliches Maß!"
„Es ist ein sehr schönes Maß!", sagte die Raupe ärgerlich
45 und richtete sich auf. Sie war genau acht Zentimeter groß.
„Aber ich bin nicht daran gewöhnt", würgte Alice hervor und dachte
bei sich: „Wenn diese Tiere nur nicht so schnell beleidigt wären!"

Lewis Carroll

1 Wohin wollte das weiße Kaninchen? Ist es dort angekommen?

2 Warum ist die Raupe beleidigt?

3 Wie könnte das Gespräch zwischen Alice und der Raupe weitergehen?

Lewis Carroll

Lewis Carroll war ein englischer Professor.
Die Alice-Geschichten schrieb er für
ein kleines Mädchen mit Namen „Alice".
Er schenkte ihr die Geschichten zu Weihnachten.

→ S. 43/44   → S. 18   → S. 22

⊕ Für Hund und Katz ist auch noch Platz

Die Hexe und ihre Katze machen eine Reise auf dem Besenstiel.
Unterwegs treffen sie einen Hund, einen Vogel und einen Frosch,
die alle mit auf die Reise möchten.

Sie lachen und singen und sausen und fliegen,
5 der Frosch macht ein Sätzchen vor lauter Vergnügen.
Doch dann, ein Schrei ...

DER BESEN! DER BESEN! ER BRICHT ENTZWEI!

Der Frosch und die Katze, der Vogel, der Hund,
sie taumeln vom Besen hinunter zum Grund,
10 versinken schnell mit Stiel und Stumpf in einem Sumpf.
Die Hexe kann auch nicht mehr richtig fliegen,
mit halbem Stiel, das ist kein Vergnügen.
Da tönt es auf einmal wie Donnergetöse
sehr laut und sehr böse.
15 „Ich bin ein Drache, der schlimmste von allen,
und ich habe Hunger, ich will dich fressen,
will Hexe mit Pommes zum Abendessen."
„Nein!", schreit die Hexe, es verlässt sie der Mut.
Der Drache kommt näher, spuckt Feuer und Glut.
20 Die Hexe, sie denkt, es ist aus und vorbei,
sie öffnet den Mund und heraus kommt ein Schrei:
„Zu Hilfe, wer hilft mir in meiner Not?
Gleich frisst mich der Drache zum Abendbrot."
Der Drache kommt näher, schmatzt gierig, sagt nur:
25 „Vielleicht ess ich heute mal Hexe pur."
Doch als er gerade anfangen will,
zu seinem Festmahl fehlt ihm nicht viel,
da steigt aus dem Sumpf ein Ungeheuer,
schlimmer als Schwefel und schlimmer als Feuer,
30 mit Federn und Fell, mit Gemaunz und Gebell,
vierköpfig und schmutzig, nicht lieb und nicht putzig.

Eine Stimme hat es, noch schlimmer als schlimmer,
es hört sich an wie Geistergewimmer:
„Du Drache, hau ab", brüllt das schreckliche Tier.

35 „Die Hexe, die Hexe, die Hex gehört MIR!"
Der Drache weicht rückwärts, und Schweiß bricht ihm aus.
Schnell sagt er: „Da ist er, dein Hexenschmaus.
War nett, dich zu treffen, doch jetzt tut's mir leid,
ich muss ganz schnell weiter, es ist höchste Zeit."

40 Das Untier zerfällt nun, Stück für Stück,
in zwei ... drei ... vier Tiere, was für ein Glück!
Die Hexe, sie weint, die Hexe, sie lacht.
„Ihr Lieben, ihr habt mich so glücklich gemacht.
Ich bin euch so dankbar, ich kann's gar nicht sagen.

45 Ohne euch wäre ich jetzt schon im Drachenmagen."

Axel Scheffler/Julia Donaldson

Julia Donaldson

Die Geschichte *Für Hund und Katz ist auch noch Platz* hat Julia Donaldson geschrieben. Sie wurde 1948 in London geboren und lebt heute mit ihrer Familie in Schottland. Ihr bekanntestes Buch ist *Der Grüffelo*.

Ein englisches Spiel

Fußball ist ein typisch englisches Spiel. Es ist schon viele hundert Jahre alt.
Früher lag das Spielfeld zwischen zwei Städten, die manchmal weit
entfernt voneinander waren. Jede Stadt hatte eine Mannschaft aus ganz
vielen Spielern und der Ball war damals eine Kugel. Diese musste durch
5 das gegnerische Stadttor gespielt werden. Deshalb heißt auch das Ziel für
den Ball bis heute *Tor*.

Über lange Zeit hinweg blieb Fußball ein Spiel ohne Regeln.
Jede Mannschaft durfte so spielen, wie sie wollte. Nach und nach aber
entstanden Regeln. Im Jahr 1846 wurde Fußball zum ersten Mal so
10 gespielt, wie wir es heute kennen.

Mittlerweile spielt man in der ganzen Welt Fußball. Wichtige Spiele
schauen sich viele Menschen an. Die Straßen wirken oft wie leergefegt,
wenn diese Spiele im Fernsehen übertragen werden.

① Schreibe die Fußballregeln auf, die du kennst.

② Würdest du Fußball lieber wie damals spielen oder so wie heute? Begründe.

Ein englischer Maler

Der Maler dieses Bildes hieß
Thomas Gainsborough.
Man spricht den Namen
so aus: *Gäinsbör.*
Er lebte vor fast 300 Jahren
in England und malte schon
als Kind wunderschöne
Landschaften.

Als seine Eltern merkten,
dass er gut malen konnte,
schickte ihn sein Vater
zum Studium  nach
London. Damals war er
13 Jahre alt.

Er malte Landschaften
und Porträts und wurde
schnell berühmt. Deshalb
durfte er sogar Leute malen,
die zum englischen Königshaus
gehörten. Diese Bilder hängen
noch heute in englischen Schlössern.

Dorfmädchen mit Hund und Henkelkrug

1 Beschreibe das Bild.

2 Gefällt dir das Bild? Begründe deine Meinung.

3 Denke dir eine Geschichte über das Mädchen aus.

One – two – three

Ja is yes
nein is no
Biene heißt bee
und zählen geht so:
one – two – three.

Ein Hund is a dog,
eine Katze is a cat
this is anders als that.
This is a dog
and that is a cat.

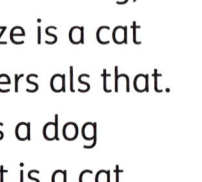

A cow ist eine Kuh
und die macht auch in England muh,
a chair ist ein Stuhl.
Englisch ist cool!

Hans und Monique Hagen

> *Wie viele englische Wörter findest du im Gedicht?*

1. Lass dir das Gedicht ein paar Mal vorlesen.
   Versuche dann, mitzusprechen.

2. Lerne das Gedicht auswendig.

Lotta plant eine Reise

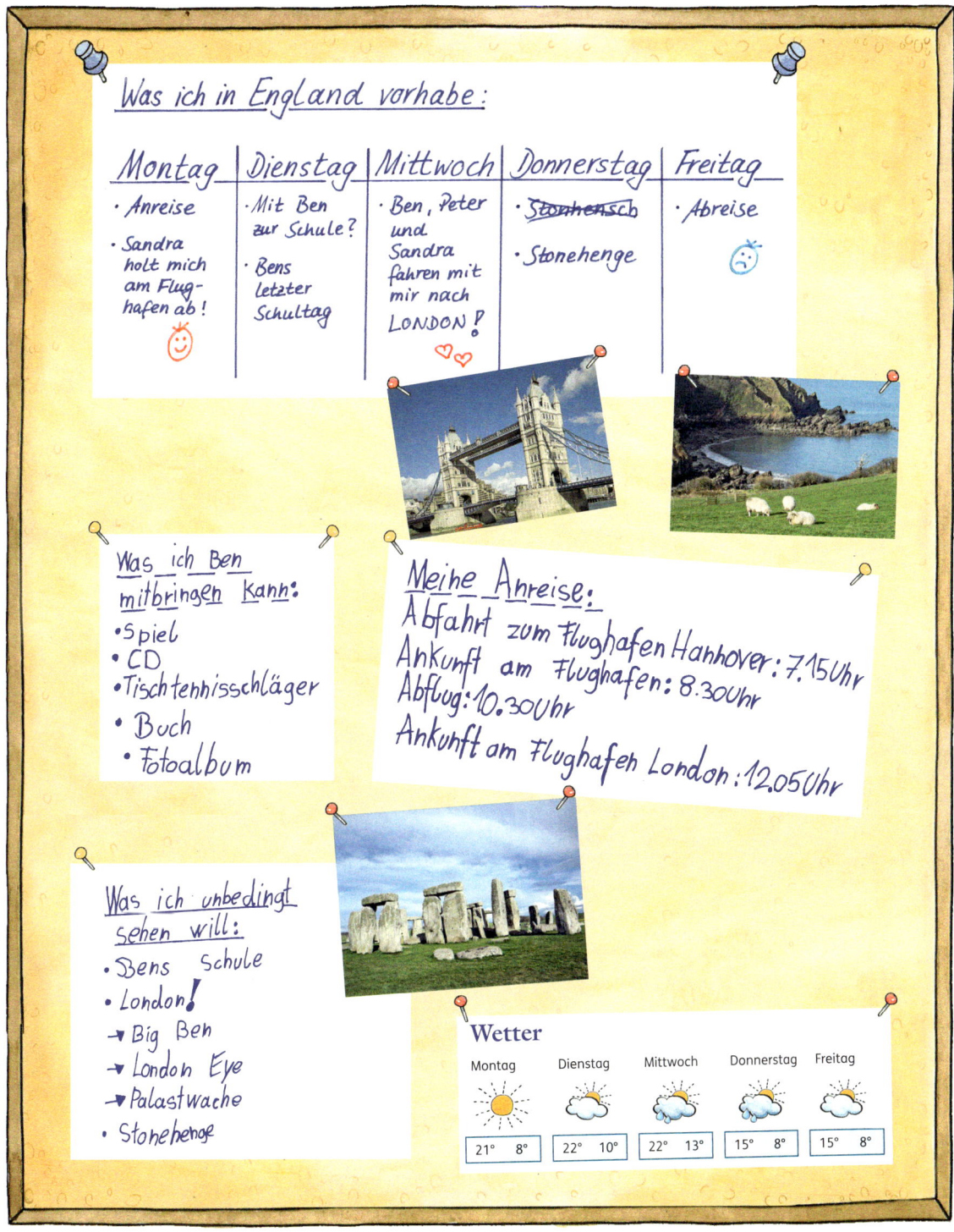

Was ich in England vorhabe:

Montag	Dienstag	Mittwoch	Donnerstag	Freitag
· Anreise	· Mit Ben zur Schule?	· Ben, Peter und Sandra fahren mit mir nach LONDON!	· ~~Stonhensch~~	· Abreise
· Sandra holt mich am Flughafen ab!	· Bens letzter Schultag		· Stonehenge	

Was ich Ben mitbringen kann:
- Spiel
- CD
- Tischtennisschläger
- Buch
- Fotoalbum

Meine Anreise:
Abfahrt zum Flughafen Hannover: 7.15 Uhr
Ankunft am Flughafen: 8.30 Uhr
Abflug: 10.30 Uhr
Ankunft am Flughafen London: 12.05 Uhr

Was ich unbedingt sehen will:
- Bens Schule
- London!
  → Big Ben
  → London Eye
  → Palastwache
- Stonehenge

Wetter

	Montag	Dienstag	Mittwoch	Donnerstag	Freitag
max	21°	22°	22°	15°	15°
min	8°	10°	13°	8°	8°

1 Erzählt euch gegenseitig, was ihr über Lottas Reise erfahrt.

→ S. 23

Lesetraining

① Lies die Wörtertreppen.

England   Riesen
Englandreise   Riesenrad
Englandreisegewinner   Riesenradgondel
Englandreisegewinnerfoto   Riesenradgondeltür

② Lies die Zeilen mehrfach hintereinander.

Schultasche Schulbuch Schultag Schulheft Schuluniform

Regenwetter Regenschauer Regenschirm Regenhose Regentropfen

③ Bilde so viele Wörter wie du findest.

Kamillen-   - kanne
Hagebutten-   (TEE)   - tasse
Pfefferminz-   - beutel
Kirschblüten-   - gebäck

④ Lies die Sätze. Setze sie dann beim Lesen richtig zusammen.

In England ist vieles anders als bei uns:

Die Autos   tragen lustige Fellmützen.
Die Kinder   gehen in Schuluniform zur Schule.
Die Briefkästen   ist ein Königreich.
England   fahren auf der linken Straßenseite.
Die Palastwachen   sind rot.

① Lies die Satztreppen.

England
England ist berühmt.
England ist berühmt für seinen Tee.
England ist berühmt.
England

England
England ist berühmt.
England ist berühmt für weite grüne Wiesen.
England ist berühmt für weite grüne Wiesen mit großen Schafherden.
England ist berühmt für weite grüne Wiesen.
England ist berühmt.
England

England
England ist berühmt.
England ist berühmt für seine vielen Burgen.
England ist berühmt für seine vielen Burgen und Schlösser.
England ist berühmt für seine vielen Burgen und Schlösser aus der Ritterzeit.
England ist berühmt für seine vielen Schlösser und Burgen.
England ist berühmt für viel Regen.
England ist berühmt.
England

① Was fällt dir auf?

Mit Schlüsselwörtern erzählen

Ich erzähle den Text mit Schlüsselwörtern.

Schreibe sie doch auf Karteikarten.

Nach England reisen

England gehört zu Großbritannien und das ist eine Insel.

Um nach England zu kommen, fahren viele Menschen mit dem Schiff.

Mit dem Flugzeug ist man am schnellsten. Der Flug dauert nur etwa eineinhalb Stunden.

Von Frankreich kann man mit dem Zug nach England reisen. Der Zug fährt 35 Minuten lang durch einen Tunnel unter dem Meer.

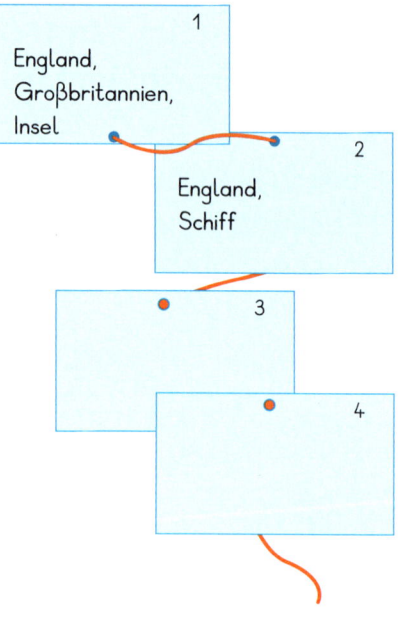

1
England,
Großbritannien,
Insel

2
England,
Schiff

3

4

① Schreibe die ersten zwei Kärtchen ab.

② Schreibe die Schlüsselwörter für Abschnitt 3 und 4 auf zwei weitere Kärtchen. Nummeriere die Karten in der richtigen Reihenfolge.

③ Erzähle den Text mit Hilfe der Erzählkarten nach.

Wie würdest du am liebsten nach England reisen?

Um einen Text zu erzählen, kannst du so vorgehen:
1. Lies den Text genau.
2. Markiere in jedem Abschnitt die Schlüsselwörter und übertrage sie auf einzelne Kärtchen.
3. Nummeriere die Karten in der richtigen Reihenfolge.
4. Erzähle den Text mit Hilfe der Erzählkarten nach.

Nomen weiterschwingen

Lotta reist nach England. Aufgeregt hat sie in ihr Tagebuch geschrieben.
Bei manchen Wörtern war sie sich jedoch nicht sicher, wie sie geschrieben
werden.

> **Montag, 5. Mai 2014**
>
> Jippieh! Heute geht es los!
>
> Ich reise zu meiner Tante nach London.
> Das ist ein weiter Weg/k. Darum habe ich in
> meinem Korb/p viele Scheiben Brod/t und ein
> großes Geträng/k. In meinem Koffer ist ein
> Paked/t für Ben. Ben ist das Kind/t meiner
> Tante. Für ihn habe ich ein
> tolles Gescheng/k.

Oje! Wie schreibt man das?

① Kannst du Lotta helfen?

> Wenn du nicht hörst, ob du ein Nomen am Ende mit b/p, g/k oder d/t
> schreibst, schwinge es weiter, indem du die Mehrzahl bildest:
>
> der Berg/k? – die Berge, also: der Berg
>
> der Dieb/p? – die Diebe, also: der Dieb
>
> der Hund/t? – die Hunde, also: der Hund

↪ ② Schwinge alle markierten Wörter aus dem Text weiter,
indem du die Mehrzahl bildest.

③ Schreibe die Wörter in dein Heft richtig auf: Weg/k – die Wege, also: Weg

↪ ④ Sammle weitere Nomen, die du weiterschwingen musst, um zu hören,
wie sie geschrieben werden. Wie viele findest du?

Personalformen bilden

Ben erzählt: Mein Schultag

Jeden Morgen nach dem Aufstehen **dusche** ich.
Dann **mache** ich mir ein Brot und **trinke** einen
Kakao. Danach **putze** ich meine Zähne.
Um halb acht **hole** ich Betty ab.
Um viertel vor acht **bin** ich in der Schule.
Mittags **esse** ich dort. Um halb vier
habe ich dann Schulschluss.

① In welcher Personalform stehen die Verben?
Schreibe sie untereinander aus dem Text in dein Heft.

② Ergänze hinter jedem Verb die Grundform.

③ Erzähle den Text in der er-Form.
Beginne so: Jeden Morgen nach dem Aufstehen duscht Ben…

④ Schreibe den Text in dein Heft und setze die Verben in der richtigen
Personalform ein.

Großer Spaß in der Nacht

Heute ist ein toller Abend.

Betty ___ bei uns. Wir ___ uns

Gruselgeschichten und ___ eine

Kissenschlacht. Dann ___ Lotta plötzlich

wie ein Frosch. Ich ___ wie ein Äffchen.

Betty ___ wie eine Maus.

Um zwölf Uhr ___ Papa:

„___ ihr immer noch hier herum?"

| bleiben |
| erzählen |
| machen |
| quaken |
| lachen |
| quieken |
| fragen |
| spuken |

Verben weiterschwingen

Schule in England

Ben und Betty tragen eine Schuluniform.
Betty **liebt** ihren weinroten Pullover
und den blauen Rock.
Ben **trägt** einen grauen Pullover mit einer
Krawatte und eine dunkle Hose.
Er **überlegt** noch, ob er an alles gedacht hat.
Die Mutter **sagt**: Bis später! Sie **winkt** ihnen nach.

Ich überlege schon die ganze Zeit, ob ich auch gerne in Uniform zur Schule ginge ...

① Schreibe alle fett gedruckten Verben aus dem Text untereinander in dein Heft.
Ergänze hinter jedem Verb die Grundform: liebt — lieben, ...

> Wenn du nicht hörst, ob ein Verb in der Personalform mit b/p oder g/k
> geschrieben wird, schwinge es weiter, indem du die Grundform bildest:
>
> *sie schrei**b/p**t ? – schreiben,*   also: sie schrei**b**t,
>
> *er par**g/k**t ? – parken,*   also: er par**k**t.

② Setze **g** oder **k** richtig ein. Schreibe so: liegen — er liegt, ...

| lie t | fra t | par t | sie t | sa t |

③ Setze **b** oder **p** richtig ein. Schreibe so: kleben — er klebt, ...

| kle t | lie t | hu t | le t | lo t |

→ 📙 S. 38

Sätze mit Ausrufezeichen

① Lest die Sprechblasen mit verteilten Rollen.

Auf nach London

Ben, Lotta, aufwachen!

Hurra, heute fahren wir nach London!

Ben, steh endlich auf!

Wie spät ist es? Müssen wir schon los?

Zieh deine lange Hose an!

Ben, hole bitte noch unsere Schirme!

Immer ich!

② Erkläre die Satzzeichen. Achte auf die Betonung.

Wenn Sätze besonders betont gesprochen werden, setzt du am Ende keinen Punkt, sondern ein **Ausrufezeichen**: !

Beispiele dafür sind überraschte **Ausrufe** („Oh!" „Au!"),
Befehle („Setz dich jetzt hin!"), **Aufforderungen** („Komm mal her!") und
Glückwünsche („Herzlichen Glückwunsch zum Geburtstag!").

Echt cool!

③ Bilde drei Sätze mit Ausrufezeichen.
Schreibe sie in dein Heft.

Satzschlusszeichen setzen

1 Lies die Sätze aus Lottas Tagebuch betont vor.

2 Schreibe den Text in dein Heft. Setze die fehlenden Satzschlusszeichen.

Wo ist Ben?

Lotta möchte Riesenrad fahren   Sie fragt Ben: *Kommst du mit*
Ben ruft: *Na klar*   Er ist sofort begeistert   Bens Eltern gehen
lieber spazieren   Plötzlich ist Ben weg   Wo kann er nur sein
Ist er schon vorgelaufen   Auf einmal hört sie: *Hallo, hier bin ich*
Da entdeckt sie ihn   Er hat sich nur hinter einem Baum versteckt
Welch ein Glück

3 Manchmal erkennst du nur an der Betonung, welches Satzeichen
du setzen musst. Probiere es an folgenden Sätzen aus.

| Möhren sind gut für die Zähne.**?!** | Da flog ein Fuchs durch die Luft.**?!** | Mittwochs gibt es immer Spinat.**?!** |

Merkwörter

Englisch sprechen

Fast überall auf der Welt
lernen die Kinder in der Schule Englisch.
Wer Englisch spricht,
kann sich mit vielen Menschen
verständigen.

Auch wir benutzen oft englische Wörter.
Wir tragen *T-Shirts, Shorts*
und *Jeans.*
Wir fahren *Inliner* oder *Skateboard.*
Wir lesen *Comics* und sammeln *Sticker.*
Mit dem *Computer, Laptop* oder *Smartphone*
surfen wir im *Internet.*

① Schreibe die englischen Wörter aus dem Text in dein Heft.

> Wörter, die aus anderen Sprachen kommen, nennt
> man **Fremdwörter**. Alle **Fremdwörter** sind **Merkwörter**.
> Das bedeutet, es gibt keine Rechtschreibregel.
> Du musst sie dir merken.

② Arbeite mit einem Partner.
Sucht gemeinsam englische Wörter
in Zeitungen und Zeitschriften und
stellt sie der Klasse vor.

Surfen macht Spaß!

 → S. 41

Merkwörter üben

① Schreibe die Nummern und die dazugehörigen Wörter mit Artikel in dein Heft.

Sticker

T-Shirt

Inliner

Jeans

Laptop

Computer

Team

Comic

2 Berate dich mit einem Partner: Welche Stellen sind schwer zu schreiben?
Markiert gemeinsam: das T-Shirt, …

Timo, Ali und Feyza legen sich für die Merkwörter aus dem Text
eine Kartei an.

Wir nehmen für jedes
Wort eine neue Karte.

Nomen schreiben
wir mit Begleiter auf.

Die schwierigen
Stellen markieren wir.

das T-Shirt

③ Übertrage die Wörter auf Karteikarten.

der Computer

das T-Shirt

Merkwörter-
kartei

→ 📙 S. 41

Wörter mit Y/y und C/c

① Spielt das Spiel weiter. Erklärt euch gegenseitig die anderen Wörter.

② Schreibe jedes Wort auf eine Karteikarte für deine Merkwörterkartei. Markiere **Y/y**.

③ Hier stimmt etwas nicht. Lies die Sätze. Was fällt dir auf?

Ein *Computer* macht Scherze im Zirkus.
Viele Menschen arbeiten am Clown.

Wir bezahlen mit Euro und *City*.
In der *Cent* kann man einkaufen.

Marlen liest einen Carsten.
Finn spielt mit *Comic*.

④ Wie müssen die Sätze richtig heißen? Schreibe sie in dein Heft und unterstreiche alle Wörter mit **C**.

⑤ Lies die Sätze laut. Wie klingt **C**?

⑥ Lege für jedes Wort eine Karteikarte an. Markiere **C/c**.

Würfeldiktat

Um die Rechtschreibung zu üben, kannst du ein Würfeldiktat schreiben.

So führst du ein Würfeldiktat durch:

- Würfle.
  Lies den gewürfelten Satz genau durch.

- Decke den Satz ab und schreibe
  ihn dann aus dem Gedächtnis auf.

- Kontrolliere. Berichtige falsche Wörter.

① Übe die Sätze als Würfeldiktat.

- ⚀ Mama arbeitet am Computer.
- ⚁ Wir bezahlen mit Euro und Cent.
- ⚂ Ein Baby macht kein Yoga.
- ⚃ Ben trägt am liebsten T-Shirt und Jeans.
- ⚄ Betty liest gern Comics.
- ⚅ Lotta liebt ihren Teddy.

So kannst du auch mit einem Text arbeiten. Unterteile ihn einfach in sechs Abschnitte.

Wörtertraining

Hund	Korb	Zug	Geschenk	Geburtstag
fragen	überlegen		parken	lieben
Computer	Cent	Baby	Pony	Handy

① Schreibe alle Wörter mit **C** und **y** in dein Heft.
Markiere **C** und **y**.

② Bilde aus den Silben Wörter, die du oben im Kasten findest.

Ge	lie	Com	ben	par	by

pu	ter	Ba	schenk	ken

③ Bilde die Personalformen der Verben *fragen* und *lieben*.
Schreibe so in dein Heft: ich frage
du ...
er ...

④ Schwinge die Nomen weiter, indem du die Mehrzahl bildest.
Schreibe sie dann in der Einzahl auf.

5 Schwinge die Verben weiter, indem du die Grundform bildest.
Schreibe den Text ab und setze die richtigen Buchstaben ein.

Tom fra*g/k*t seine Mutter: „Wo hast du das Auto gepar*g/k*t?"

Die Mutter überle*g/k*t kurz. Dann sa*g/k*t sie: „Hinter dem Supermarkt.

Du trä*g/k*st die Einkäufe und blei*b/p*st hier stehen. Ich hole das Auto."

6 Schreibe die Sätze in dein Heft.
Setze die richtigen Satzschlusszeichen.

Wir parken im Parkhaus

Wo ist mein Hund   Hast du ihn gesehen

Schau mal dort   Da liegt ja ein Cent

Jedes Kind war mal ein Baby

Aua   Du tust mir weh

7 Schreibe den Text ab.

Das Geschenk

Linda hat bald Geburtstag. Sie überlegt und schreibt

ihre Wünsche auf: Pony, Handy, Computer.

Als sie dann ihr Geschenk auspackt, ist es ein

neuer Korb für ihren Hund.

Linda freut sich, denn sie liebt ihren Hund.

8 Du kannst den Text als Diktat üben.

Tabellen lesen und erstellen

Lotta und Ben haben ihre Steckbriefe in einer Tabelle notiert:

Merkmale	Lotta	Ben
Alter	8 Jahre	9 Jahre
Größe	1,28 m	1,36 m
Heimatland	Deutschland	England
Lieblingstier	Hund	Hund
Lieblingsessen	Kartoffelauflauf	Fisch
Lieblingsfach	Mathe	Sport
Lieblingsbuch	Briefe von Felix	Robin Hood
Lieblingsmannschaft	Borussia Dortmund	Arsenal London

① Welches Kind ist größer?

② Wer von beiden ist älter?

③ Welches Merkmal haben Lotta und Ben gemeinsam?

④ Stelle einem Partner eigene Fragen.

⑤ Zeichne eine Tabelle mit drei Spalten in dein Heft. Fülle sie für dich und ein anderes Kind aus. Was habt ihr gemeinsam?

> In einer **Tabelle** werden Informationen übersichtlich und kurz dargestellt. Sie besteht aus Zeilen und Spalten. Die oberste Zeile ist der Tabellenkopf.

Ben ist Fußballfan. Er hat einen kleinen Text über Fußball geschrieben.

Fußball

Fußball ist ein Mannschaftsspiel. Ziel des Spiels ist es, möglichst viele Tore zu schießen. Zu einer Mannschaft gehören 11 Spieler. Ein Spiel dauert 90 Minuten. Das Spielfeld ist meistens 68 Meter breit und 105 Meter lang. Die Tore sind aus Metall oder Kunststoff und mit einem Netz versehen. Es gibt 17 Regeln.

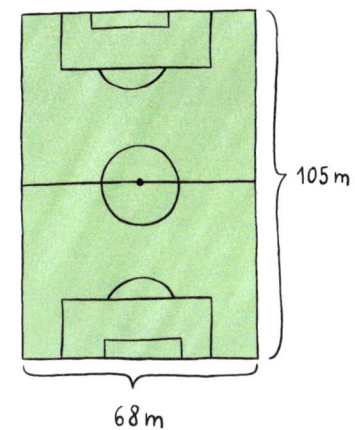

Nun möchte er das Fußballspiel von heute und früher vergleichen. Dazu hat er eine Tabelle angelegt und die wichtigsten Informationen eingetragen.

	Fußball früher	**Fußball heute**
Ziel des Spiels	eine Kugel durch die Stadttore zu spielen	möglichst viele Tore zu schießen
Anzahl der Spieler	sehr viele	
Spieldauer	nicht festgelegt	
Größe des Spielfelds	zwischen zwei Städten	
Tore	echte Stadttore	
Regeln	keine	

1. Übertrage die Tabelle in dein Heft.

2. Ergänze die rechte Spalte mit Hilfe von Bens Text.

3. Berichte mit Hilfe deiner Tabelle über Fußball früher und heute.

Eine Bildergeschichte schreiben

Ben will in seinem Portmonee nachgucken. Da fällt es ihm herunter. Erschrocken schauen sie hinterher.

Als sie nach der Fahrt aussteigen, entdecken sie Bens Vater mit dem Portmonee in der Hand – und einer Beule am Kopf! Der Vater lacht. Da haben sie aber nochmal Glück gehabt!

Es ist Mittwoch. Lotta und Ben fahren mit dem Riesenrad und genießen die Aussicht über London.

Ben fragt Lotta: „Wollen wir gleich noch ein Eis essen?" Lotta antwortet: „Au ja, gern! Haben wir denn noch genug Geld?"

1 Welche Sätze passen zu welchem Bild? Schreibe sie in der richtigen Reihenfolge in dein Heft.

2 Überlege dir eine Überschrift.

Die Überschrift muss kurz sein und darf nicht zu viel verraten.

So schreibst du eine **Bildergeschichte**:

1. Stelle dir vor dem Schreiben die Fragen: *Wer? Wann? Wo? Was geschieht?*
   Das hilft, um die Geschichte anzufangen.
2. Schreibe genau, was auf den einzelnen Bildern geschieht.
3. Beachte die Reihenfolge der Bilder.
4. Finde eine passende Überschrift.
5. Kann man die Geschichte auch ohne Bilder verstehen? Ergänze.

Ali hat sich Notizen zu einer Bildergeschichte gemacht:

– Lotta, Ben
– am Dienstag
– auf der Straße
– Skateboard

– Ben möchte üben
– Kurve

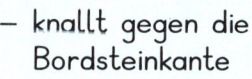

– knallt gegen die Bordsteinkante

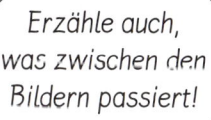

Erzähle auch, was zwischen den Bildern passiert!

– fällt in Pfütze
– wird pitschnass
– lacht sich kaputt

3 Schreibe die Geschichte in dein Heft. Nutze Alis Notizen.

4 Lies die Geschichte einem Partner vor. Dein Partner schaut sich die Bilder an und vergleicht.

Natur erleben

Das Hundebaby am Strand

Das sollen große Ferien sein?
Es ist doch noch gar nichts Aufregendes passiert!
Mama liegt nur im Sand und sonnt sich. Papa sitzt im Schatten einer
Palme und liest in seiner Zeitung. Lise wandert allein am Strand herum
5 und langweilt sich.

Doch plötzlich hört sie ein leises Winseln. Lise bleibt stehen
und späht ins Gebüsch. Was ist denn das?
Da liegt ja ein klitzekleines Tier und blinzelt sie ängstlich an!
Vorsichtig zwängt sich Lise durch die stacheligen Äste.
10 „Wer bist du denn?", fragt sie verwundert.
Das Tier winselt wieder. Es ist so klein, dass es genau in Lises Hand passt.
„Bist du ein süßes Hundebaby!", ruft Lise und streichelt
seine weiche Schnauze.

Behutsam trägt sie den zappelnden Hund den Strand entlang.
15 „Mama, schau mal", flüstert sie und
setzt das Hundebaby auf das Badetuch.
„Wie niedlich!", sagt Mama.
Und Papa sagt dasselbe.

Aber dann sagen sie etwas Schreckliches:

20 „Wir müssen den kleinen Hund im Tierheim abgeben."

„Oh, nein!", ruft Lise erschrocken.

„Ich muss ihn einfach behalten – bitte!"

Aber Papa schüttelt den Kopf.

„Ich möchte keinen Hund im Haus haben", sagt er.

25 Also fahren alle zum Tierheim.

Dort gibt es furchtbar viele Tiere.

Große und kleine Hunde rennen

bellend durcheinander.

Das Hundebaby in Lises Hand zittert.

30 Und Lise weint.

Da seufzt Papa. Zuerst streichelt er

die winzige Hundeschnauze.

Und dann sagt er: „Also gut,

nehmen wir ihn mit nach Hause,

35 den Winzling."

Jetzt werden die Ferien erst richtig toll,

da ist Lise sicher.

Jana Frey

1 Warum weint Lise im Tierheim?

2 Warum darf Lise den Hund doch behalten?

Was braucht ein Hund?

Die meisten Hunde schlafen in
einem Hundekorb.
Hier fühlen sie sich wohl
und können sich ausruhen.

Es ist wichtig, dass ein Hund
regelmäßig gefüttert wird.
Außerdem sollte immer ein
Napf mit frischem Wasser
für ihn bereitstehen.

Toben und spielen, das mag jeder Hund gern.
Nimm dir Zeit, um etwas mit deinem Hund
zu unternehmen.

Jeder Hund mag täglich
lange Spaziergänge an der
frischen Luft.
Er begleitet dich auch zum
Einkaufen oder zu Freunden.
Dabei ist es wichtig, den
Hund an der Leine zu führen.

① Welches Haustier hast du oder hättest du gerne? Erzähle.

② Warum ist es wichtig, Hunde an der Leine zu führen?

🐾 Blindenführhunde sind besondere Hunde

Manche Menschen haben einen Hund nicht nur als Haustier, sondern als Helfer. Nelson, der Hund von Familie Herrmann, ist als Blindenführhund ausgebildet. So kann er Frau Herrmann jeden Tag helfen.

Einen Blindenführhund bei der Arbeit darf man nie ablenken oder
5 streicheln. Sicher führt er seinen Menschen auf dem Weg, vor einer Treppe
hält er an, um eine Baustelle geht er im Bogen herum, auf Kommando
sucht er eine Ampel. Vor Hindernissen bleibt er stehen, ob Bordsteinkanten,
Gerüste, herabhängende Äste oder Pfützen. Er zeigt dem Menschen an,
wo ein Platz frei ist, führt ihn in Aufzüge und durch Türen.
10 Der Hund kann mehr als 40 Befehle ausführen.
Aber er muss einen Befehl verweigern, wenn er
eine Gefahr erkennt. Das ist eine seiner
schwierigsten Aufgaben. Sobald dem Hund
das Führgeschirr umgelegt wird, ist er
15 im Einsatz und muss konzentriert sein.
Erst wenn es ihm wieder abgenommen wird,
darf er toben und mit anderen Hunden spielen.

Claudia Toll

> Blindenführhunde dürfen sogar in den Supermarkt.

1 Welche Aufgaben hat ein Blindenführhund?

Wie Tiere ihre Umwelt wahrnehmen

Der Hund verlässt sich meist auf seinen Geruchssinn. Mit der Schnauze auf dem Boden verfolgt er eine Spur.

Ratten finden sogar in der Dunkelheit ihren Weg. Mit ihren dicken, steifen Tasthaaren ertasten sie jedes Hindernis.

Bienen ertasten mit ihren Fühlern, wie groß die Öffnung des Bienenstocks 📖 ist. Außerdem können Bienen mit ihren Fühlern schmecken.

Obwohl Eichhörnchen ihre vergrabenen Vorräte durch den Schnee riechen, können sie sich nicht an alle Orte erinnern.

Sabine Trautmann

① Hast du schon einmal beobachtet, wie eine Biene von Blume zu Blume fliegt?

② Was passiert mit den Vorräten, die das Eichhörnchen nicht findet?

Heute geh ich aus dem Haus

Heute geh ich aus dem Haus
in die weite Welt hinaus.

Will mit meinen Augen sehen,
wie der Fuchs den Hasen jagt
und der Biber Bäume nagt.

Will mit meiner Nase riechen,
was so durch die Lüfte fliegt
und in unserem Garten blüht.

Will mit meinen Ohren hören,
was der Wind dem Raben sagt
und der Frosch im Stadtpark quakt.

Will mit meiner Zunge schmecken
Nachbars Äpfel, Birnen, Pflaumen und
den ungewasch'nen Daumen.

Will mit meinen Händen fühlen,
ob der Schmerz im Feuer liegt
und der Igel wirklich pikt.

Müde schleiche ich nach Haus –
doch morgen geh' ich wieder aus!

Helme Heine

① Was kannst du sehen, riechen, hören, schmecken und fühlen,
wenn du in den Garten oder in den Park gehst?

Mit den Füßen sehen

Am Montag stellt die Lehrerin Frau Bär
Kartons in einer langen Reihe auf den Boden.
Da sind geheimnisvolle Dinge drin.
„Heute wollen wir mit den Füßen sehen", sagt sie.
5 „Zieht bitte alle eure Schuhe und Strümpfe aus!"

Ruck, zuck reißen sich Max und Anna
die Sandalen von den Füßen.
Lara und Marvin murren.
Sie haben Doppelknoten in den Schnürsenkeln.

10 Wer fertig ist, darf schon mal langsam
durch die Kartons gehen.
„Iih, das pikst ja!", schreit Anna.
„Das hier ist ganz weich!",
ruft Max. „Probier mal."
15 Die Kinder quieken und lachen.
In jedem Karton ist etwas anderes:
Holzstöckchen oder Korken.
Schafwolle oder Moos.
Kiefernzapfen oder Eicheln.

20 Max macht als Erster die Augen zu.
Anna und Salih führen ihn
durch die Kartons.
Er soll nun mit den Füßen sehen!
„Kinderleicht", sagt Max
25 und tappt vorsichtig los.

→ 📙 S. 28

Aber dann weiß er nicht:
Piksen die Holzstöckchen oder die Kiefernzapfen?
Ist das Weiche die Schafwolle oder das Moos?
Tun die Eicheln oder die Korken unter den Fußsohlen so weh?
30 Zum Glück kann er es gleich noch mal probieren.

Hanneliese Schulze

1 Warum ist es so schwierig, etwas mit den Füßen zu ertasten?
Ihr könnt es selbst ausprobieren.

Wo ist mein Baum?

Für dieses Spiel brauchst du:

- einen Partner, dem du vertrauen kannst
- ein Tuch
- verschiedene Bäume

So geht es:

- Verbinde deinem Partner mit dem Tuch die Augen.
- Wähle einen Baum aus und führe deinen Partner dorthin.
- Dein Partner darf nun den Baum befühlen und daran riechen.
- Führe deinen Partner zurück an den Startplatz.
- Nimm ihm die Augenbinde ab.
- Findet er den richtigen Baum ohne deine Hilfe?

Saskia Diederichs

Körpersprache: Heute bin ich ...

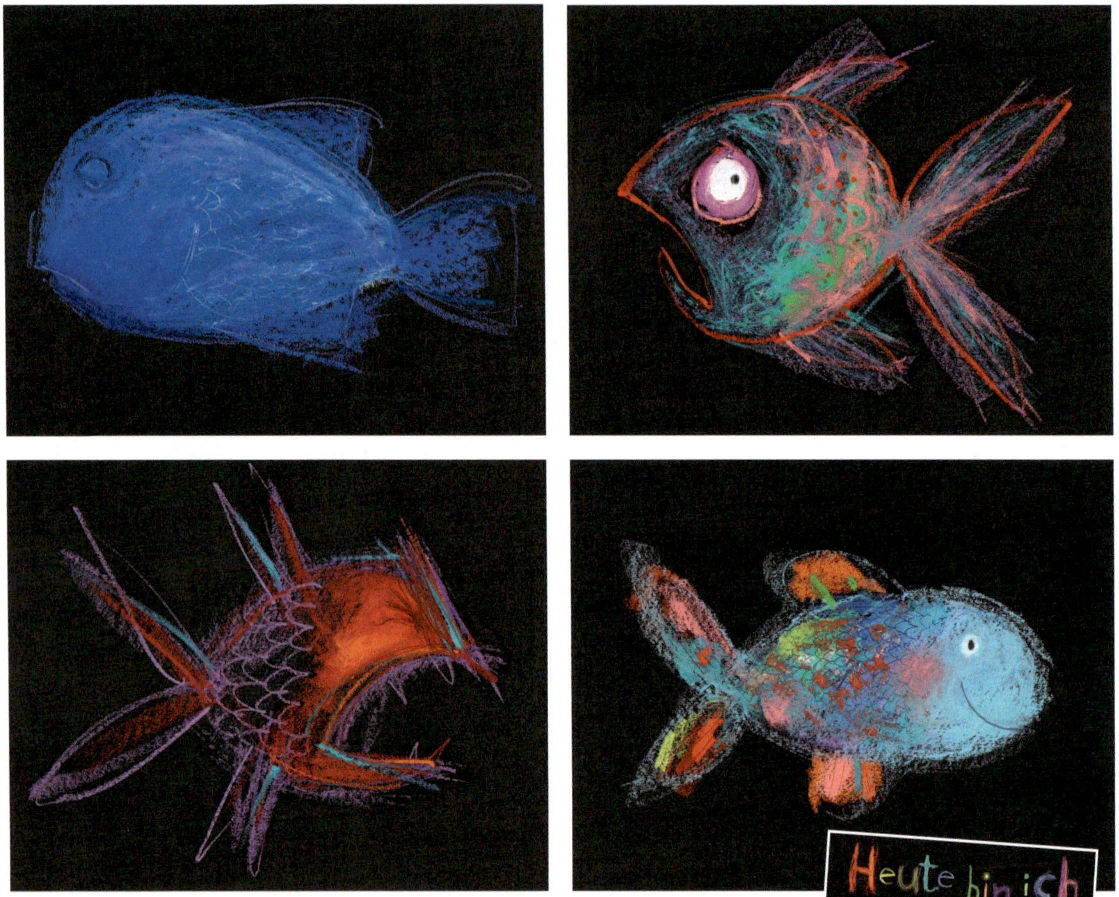

Mies van Hout

Lösung: betrübt, ängstlich, zornig, glücklich

1 Wie fühlen sich die Fische wohl?

2 Woran erkennst du das?

3 Stell dir vor, du bist heute:

| stolz | mutig | böse |

4 Spiele diese Gefühle anderen vor.

5 Wie kannst du dich noch fühlen? Male Fische dazu.

Das Lied von den Gefühlen

Text und Melodie: K. W. Hoffmann

1. Wenn ich glück-lich bin, weiß du was?

Ja, dann hüpf ich wie ein Laub-frosch durch das Gras.

Sol - che Sa - chen kom - men mir so in den Sinn,

wenn ich glück-lich bin, glück-lich bin.

2. Wenn ich wütend bin, sag ich dir,
   ja, dann stampf und brüll ich wie ein wilder Stier.
   Solche Sachen kommen mir so in den Sinn,
   wenn ich wütend bin, wütend bin.

3. Wenn ich albern bin, fällt mir ein,
   ja, dann quiek ich manchmal wie ein kleines Schwein.
   Solche Sachen kommen mir so in den Sinn,
   wenn ich albern bin, albern bin.

① Was tust du, wenn du glücklich, wütend oder albern bist?

Lesetraining

① Lies die Tiernamen.

Platt**bauch**libelle   Lang**schwanz**wiesel   Tag**pfauen**auge

Wein**berg**schnecke   Garten**kreuz**spinne   Gold**lauf**käfer

② Lies die versteckten Tiernamen.

Im Schlamm steckt ein Lamm.

In der Parkuhr steckt die Kuh.

Aber wer steckt: – in der Beule?
                              – in der Blumentopferde?
                              – im Nikolaus?
                              – im Schwalbennest und im Wald?
                              – in der Giraffe und im Schlaraffenland?

③ Lies die Zungenbrecher.

Die Katze tritt die Treppe krumm.

Freche Frösche fressen Früchte.

Auf dem Rasen rasen rasche Ratten.

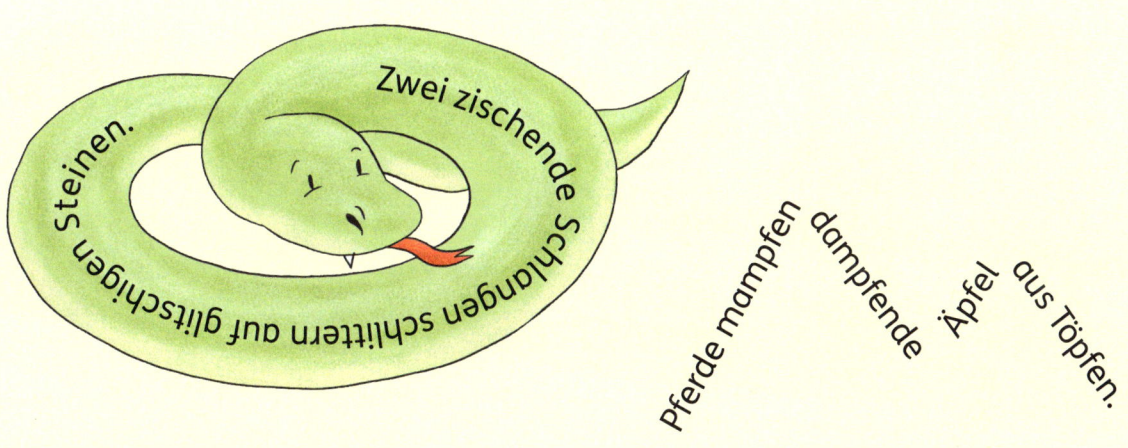

Zwei zischende Schlangen schlittern auf glitschigen Steinen.

Pferde mampfen dampfende Äpfel aus Töpfen.

Zwischen zwei Zwetschgenzweigen zwitschern zwei Schwalben.

Zweiundzwanzig zahme Zwergziegen zwängen sich zwischen zwei Zäunen durch.

Vermutungen anstellen

① Lies zunächst nur die Überschrift der Geschichte. Vermute, worum es geht.

② Betrachte jetzt die Bilder. Passen deine Vermutungen zu den Bildern?

③ Lies die Geschichte.

Paulas sieben Haustiere

Am Montagmorgen ist in Paulas Klassenzimmer tierisch viel los:
Sine hat ihr Meerschweinchen mitgebracht, Philipp eine weiße Maus,
Anna einen Hamster, Hanna ihre Schildkröte, Leo seinen Wellensittich
und Ben seinen Plüschtiger.

„Und das sind meine sieben Haustiere", sagt Paula.
Sie stellt den Schuhkarton auf das Pult. Frau Karo hebt den Deckel
vorsichtig an. Hanna aus der ersten Reihe sieht neugierig hinein. Sie
rümpft verächtlich die Nase und sagt: „Das sind doch keine Haustiere."

Ursel Scheffler

④ Was ist im Karton? Vermute.

⑤ Lies den Rest der Geschichte im Arbeitsheft *Lesen* auf Seite 30 und überprüfe
deine Vermutungen.

> Die Überschrift und die Bilder können dir schon viel über eine Geschichte
> verraten. Schau sie dir deshalb vor dem Lesen genau an.

Nomen mit ä und äu ableiten

Ein Hund für Oskar

Oskar und seine Eltern haben einen kleinen Hund aus dem Tierheim geholt. Oskar klatscht vor Freude in die **Hände**. Der Hund erschrickt und rennt mit wildem Gebell durch alle **Räume**. Plötzlich ist er verschwunden. Oskar sucht überall: im Keller, auf dem Boden und sogar in den **Schränken**. Im Garten schaut er hinter Büsche und **Bäume**. Auf einmal muss er lachen: In einer Wanne voller **Wäsche** liegt der kleine Racker und schnarcht.

① Schreibe die Nomen mit **ä** und **äu** aus dem Text untereinander in dein Heft.

② Schreibe aus folgenden Wörtern das passende verwandte Wort daneben.

Schrank	Raum	Hand	waschen	Baum

③ Was fällt dir auf?

> Man schreibt ein Nomen mit **ä** oder **äu**, wenn es ein verwandtes Wort mit a oder au gibt:
> *die Hände → die Hand, die Wäsche → waschen*

> *Schreibt man das Nomen in der Einzahl mit a oder au, dann steht in der Mehrzahl ein ä oder äu.*

④ Suche ein verwandtes Wort mit **a** oder **au**.
Schreibe so in dein Heft: die Bäuche – der Bauch, …

Bäuche	Hälse	Bälle	Jäger	Sträucher

→  S. 54/55

→  S. 44 147

Verben mit ä und äu ableiten

Ab ins Körbchen

Racker soll lernen, die Nacht in
seinem Körbchen zu verbringen.
Doch immer wieder **läuft** er
in Oskars Bett und will dort schlafen.
Jedes Mal **trägt** Oskar
ihn zurück in sein Körbchen.
Irgendwann ist Racker dann so müde,
dass er tatsächlich im Körbchen **schläft**.
Erschöpft **fällt** nun auch Oskar in sein Bett.
Natürlich **träumt** er von Racker.

① Schreibe die Verben mit **ä** und **äu** aus dem Text untereinander in dein Heft.

② Schreibe aus folgenden Wörtern das passende verwandte Wort daneben.

schlafen	tragen	fallen	laufen	Traum

❸ Was fällt dir auf?

> Man schreibt ein Verb mit **ä** oder **äu**, wenn es ein verwandtes Wort
> mit a oder au gibt:
> *schläft → schlafen, träumt → der Traum.*

❹ Bilde Sätze, in denen das Verb in der er-Form steht.
Schreibe so: Tom gräbt…

graben	tragen	laufen	halten	fallen	fahren

Schreibst du ä oder e, äu oder eu?

1 Schreibe die abgebildeten Wörter in dein Heft.

Bei Nomen in der Mehrzahl bilde ich die Einzahl.

2 Kontrolliere mit dem Wörterbuch.

3 Schreibe die Sätze richtig in dein Heft.

Kim wirft den Ball und
Tom ___ ihn auf.

Siri ___ Kevin zum Geburtstag
ein Buch.

Sina ___ schneller als Sarah.

Piri ___ Teller auf den Tisch.

4 Kontrolliere die Verben mit deinem Wörterbuch. Suche immer die Grundform.

5 Findest du auch zu folgenden Wörtern ein verwandtes Wort?
Schreibe so in dein Heft: der Bräutigam – die Braut, …

| Bräutigam | Gefängnis | aufräumen | läuten |

→ S. 46/47

Adjektive

1. Welche Gegenstände sind in den blauen Fühlkästen? Vermute.

2. Wie wird Tim den Gegenstand im grünen Fühlkasten beschreiben?

> **Adjektive (Wiewörter)** beschreiben, wie Menschen, Tiere, Pflanzen
> und Dinge sind. Sie werden **kleingeschrieben**:
> *Der Elefant ist* **groß**.   *Die Blume ist* **schön**.   *Das Auto ist* **schnell**.

3. Beschreibe, wie die Spielsachen sind: Die Frisbeescheibe ist ...

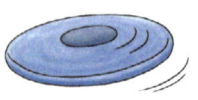  

| weich | klein | flach | rund | blau | glatt |

4. Male dein Lieblingsspielzeug. Schreibe passende Adjektive dazu in dein Heft.

| weich | braun | lieb |

| kuschelig | neu |

| süß | flauschig |

6 Lotta und Maro ertasten mit verbundenen Augen weitere Dinge.
Schreibe die Sätze mit den passenden Adjektiven in dein Heft.

| eckig | lang | rau | glatt | klein | dünn |

Maro fühlt ein Auto.
Er fühlt ein ⬚ Auto.
Er fühlt ein ⬚, ⬚ Auto.
Er fühlt ein ⬚, ⬚, ⬚ Auto.

Lotta fühlt ein Seil.
Sie fühlt ein ⬚ Seil.
Sie fühlt ein ⬚, ⬚ Seil.
Sie fühlt ein ⬚, ⬚, ⬚ Seil.

> **Adjektive** können **vor** einem **Nomen** stehen. Dann verändern sie sich:
>
> groß – der groß**e** Elefant – ein groß**er** Elefant
> schön – die schön**e** Puppe – eine schön**e** Puppe
> schnell – das schnell**e** Auto – ein schnell**es** Auto

7 Beschreibe Dinge aus deinem Klassenzimmer.
Schreibe so in dein Heft: *Ich sehe einen grünen, … Gegenstand.*
Lass deinen Nachbarn raten.

→ 📙 S. 57 → 📙 S. 49/50

Mit Adjektiven beschreiben

Du

Ich behaupte,
ohne zu übertreiben –
ich kann dich ungesehen
beschreiben:

Deine Augen sind blau,
schwarz, braun, grün oder grau.
Deine Nase ist lang gezogen,
stumpf, kurz, breit,
stupsig oder abwärts gebogen.
Deine Haare sind dunkel,
rot oder braun, blond aufgehellt,
gekraust, gelockt,
steckengerade oder gewellt,
sind kurz geschoren oder reichen
bis unter die Schultern.

Unzutreffendes streichen.

Hans Manz

 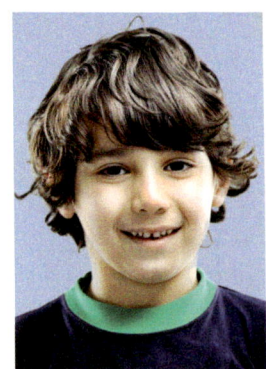

 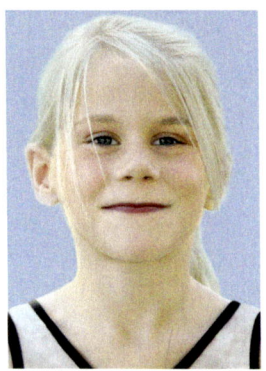

① Lies den Text. Warum ist er witzig?

② Schreibe den Text in dein Heft. Unterstreiche die Adjektive.

③ Was streichst du in dem Text, wenn du deine Freundin oder
deinen Freund beschreibst?

④ Beschreibe ein Kind aus deiner Klasse. Die anderen raten.

Körpersprache und Ausdruck

1. Wie fühlen sich die Kinder?

| wütend | fröhlich | ängstlich | traurig |

2. Du kannst Gefühle *sehen*.
   Suche dir oben ein Adjektiv aus. Kannst du das Gefühl zeigen?
   Mache die Körperhaltungen und Gesichtsausdrücke der Kinder nach.

3. Du kannst Gefühle *hören*.
   Sprich den folgenden Satz traurig, fröhlich, ängstlich oder wütend.
   Dein Partner oder die Klasse rät.

   Da ist ein Hund.

4. Du kannst Gefühle *spüren*.
   Wann fühlst du dich fröhlich,
   ängstlich, wütend oder traurig?
   Erzähle.

Wörter mit ng

1 Lies den Text. Setze die Wörter richtig ein.

Ingo wandert durch den _____ .

Plötzlich beißt ihm eine _____ in den _____ .

Da kommt ein _____ und kneift die _____

mit einer _____ . Ingo wacht auf.

Zum Glück war alles nur ein Traum.

Dschungel

Zange

Schlange

Finger

Junge

2 Sprich die Wörter in Silben. Wie klingt **ng**?

3 Schreibe die Reimwörter nebeneinander in dein Heft. Markiere **ng**.

singen		Ringe		ringen

Dinge		Stange		lange

4 Schreibe die Sätze in dein Heft.
Setze die Verben in der richtigen Personalform ein.

Die Katze fangen im Garten eine Maus.

Lina springen von allen am weitesten.

 Bringen du mir das Buch vorbei?

Schreibst du ng oder nk?

Piri si**ng**t oder si**nk**t?

Das Schiff si**ng**t oder si**nk**t?

> Wenn du bei Verben in der Personalform nicht hören kannst,
> ob sie mit **ng** oder **nk** geschrieben werden, schwinge sie weiter,
> indem du die Grundform bildest: *sie de**ng/k**t? – de**nk**en, also: sie de**nk**t*
>
> *er fä**ng/k**t ?– fa**ng**en, also: er fä**ng**t*

1 Setze die Wörter aus dem Sack richtig in die Sätze ein.
Entscheide, ob du **ng** oder **nk** einsetzen musst.

Maro ____ seiner Oma zu.

Lotta ____ Ben ein Spiel.

Ali ____ ein Glas Wasser.

Laura ____ drei Meter weit.

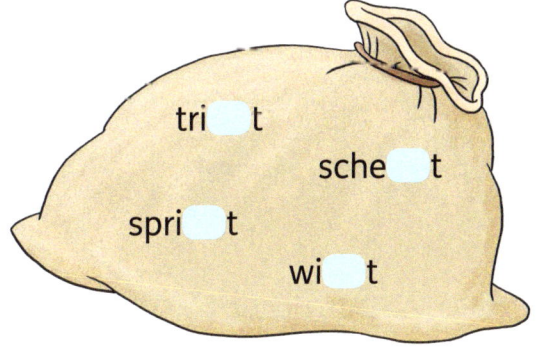

tri__t   sche__t   spri__t   wi__t

2 Setze **ng** oder **nk** richtig ein. Schreibe so in dein Heft: *tanken - er tankt, …*

| ta__t | schli__t | sti__t | fä__t | de__t | bri__t |

→ S. 58/59

→ S. 53

📦 Wörtertraining

fangen	laufen	springen	fahren	denken
waschen	aufräumen	groß	lang	schnell
Bank	Land	Baum	Finger	Bauch

① Schreibe alle Verben untereinander in dein Heft.

② Ergänze daneben die er-Form.

③ Markiere alle **a**, **ä**, **au** und **äu**.

④ Schreibe alle Nomen in Einzahl und Mehrzahl auf. Fällt dir etwas auf?

⑤ Markiere **a**, **ä**, **au** und **äu**.

⑥ Suche zu den folgenden Wörtern die Reimwörter oben aus dem Kasten.
Schreibe so: kaufen – laufen, …

kaufen	Raum	hell	lenken	Schlauch
naschen	singen	Floß	Sand	krank

⑦ Schreibe die Sätze richtig ab. Schreibst du **ä** oder **e**?
Suche ein verwandtes Wort und entscheide dann.

Nick f ä/e llt auf den Bauch.
Lea r ä/e nnt schnell wie der Wind.
Nele l ä/e nkt ihr ferngesteuertes Auto.
Leon h ä/e lt den Hund gut fest.
Jul tr ä/e gt das Radio in den Garten.

156

⑧ Setze **ng** oder **nk** ein.
Schreibe die Nomen mit Artikel in dein Heft.

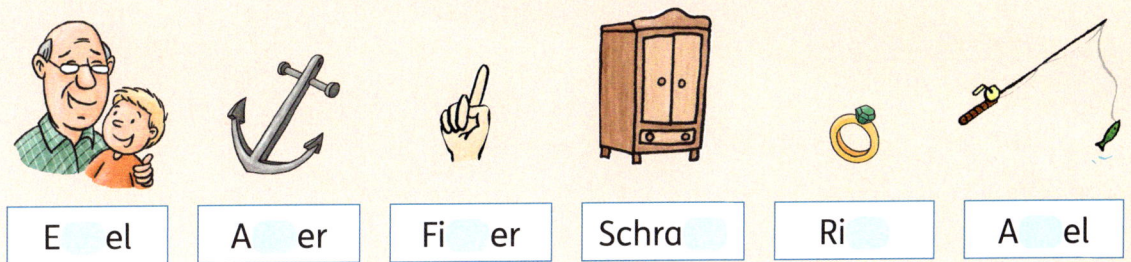

| E el | A er | Fi er | Schra | Ri | A el |

⑨ Schreibe die Sätze richtig in dein Heft.

LenawäschtihreschmutzigenHände.

SinaliebtschöneBlumensträußemitrotenRosen.

Leonräumtseingroßesneuesauf.

MiteinemlangenSeilkannmanlustigeFigurenlegen.

⑩ Unterstreiche alle Adjektive.

⑪ Schreibe den Text ab.

Wildes Spiel

Simon will Finja fangen. Sie läuft schnell weg,
springt auf ihren Roller und fährt ihm davon.
Wütend setzt Simon sich auf eine Bank und denkt nach.
Dann schleicht er sich hinter die Bäume.
Als Finja zurückkommt, fängt er sie und kitzelt sie durch.
Sie müssen lachen und sie halten sich die Bäuche.

⑫ Du kannst den Text als Diktat üben.

Einen Steckbrief anlegen

Waldveilchen

Standort: Laub- und Mischwälder
Höhe: 5-20 cm
Blätter: herzförmig
Blüte: blau und Lila
Blütezeit: April-Juni
Besonderheit: Ameisen verbreiten
die Samen

Mein bester Freund
Name: Elias Brand
Alter: 8 Jahre
Größe: 1,30 m
Haarfarbe: blond
Augenfarbe: braun
Hobbys: Fußball, lesen und
Rasen mähen
Besonderheit: der beste Freund
der Welt

Unser Hund Lotte

Rasse: Tibet Terrier
Alter: 19 Wochen
Größe: 38 cm
Gewicht: 6 kg
Fell: hellbraun, langhaarig,
leicht gewellt
Besonderheit: eignet sich auch als Wachhund

Steckbriefe kann man über Tiere, Pflanzen, Menschen oder Dinge schreiben.
Dabei werden die wichtigsten Merkmale in Stichpunkten notiert.

1 Lies die Steckbriefe.

 1,30

 1,36

 1,36

Name: Robin Holz
Alter: 8 Jahre
Größe: 1,36 m
Haarfarbe: braun
Augenfarbe: braun
Hobbys: Tennis, Schach, Basketball
Besonderheiten: viele Sommersprossen im Gesicht

1 Zu welchem der drei Kinder passt der Steckbrief? Begründe.

2 Schreibe zu einem der beiden anderen Kinder einen Steckbrief.

3 Schreibe einen Steckbrief über dich am Computer. Verwende dein Textprogramm. Lass dir von einem Erwachsenen helfen.

Steckbrief

→ 📖 S. 25–27

Eine Suchanzeige schreiben

Laura hat seit Weihnachten eine Katze.
Sie heißt Munkel. Nachts geht Munkel
häufig in den Nachbargärten spazieren.
Zum Frühstück ist sie immer wieder da
und lässt sich von Laura streicheln.
Gestern aber ist Munkel nicht
nach Hause gekommen.
Laura macht sich Sorgen.
Sie schreibt eine Suchanzeige
und klebt sie an Bäume und Laternenpfähle.

Wer hat Munkel gesehen?
Sie ist lieb
und kuschelig.
Bitte bei Laura melden!

1 Leider hat sich niemand gemeldet.
Kannst du Laura erklären, warum?

So kannst du eine **Suchanzeige** schreiben:

- Beschreibe kurz, wen oder was du suchst.
- Notiere die wichtigsten Merkmale.
- Ein Foto kann dir helfen.
- Schreibe unbedingt, bei wem sich der Finder melden soll.

Mit ihrer großen Schwester Maren schreibt Laura eine neue Suchanzeige:

VERMISST!

Ich suche meine Katze Munkel

Aussehen: schwarz – weiß gefleckt

Augenfarbe: ein braunes und ein grünes Auge

Besonderheiten: Sie ist sehr kuschelig.

Bitte melden bei: Laura Kempf
Gartenstraße 15

② Was ist an dieser Suchanzeige besser gelungen?

③ Wähle ein Foto aus und schreibe dazu eine Suchanzeige.

Kater Nikos

Kaninchen Toni

Märchenhaftes

Ich bin so satt, ich mag kein Blatt

Spieglein, Spieglein

Die Guten ins Töpfchen,
die Schlechten ins Kröpfchen.

Knusper, knusper, knäuschen,
wer knuspert an meinem Häuschen?

Ach wie gut, dass niemand weiß,
dass ich Rumpelstilzchen heiß.

an der Wand, wer ist die Schönste im ganzen Land?

Großmutter, was hast du für große Ohren?

Was rumpelt und pumpelt in meinem Bauch herum?

→ S. 62

→ S. 28   → S. 33

Das Rübenziehen

Väterchen hat Rüben gesät. Er will eine Rübe herausziehen,
er packt sie beim Schopf, er zieht und zieht
und kann sie nicht herausziehen.

Väterchen ruft Mütterchen. Mütterchen zieht Väterchen,
5 Väterchen zieht die Rübe, sie ziehen
und können sie nicht herausziehen.

Kommt das Enkelchen: Enkelchen zieht Mütterchen,
Mütterchen zieht Väterchen, Väterchen zieht die Rübe,
sie ziehen und ziehen, können sie nicht herausziehen.

10 Kommt das Hündchen: Hündchen zieht Enkelchen,
Enkelchen zieht Mütterchen, Mütterchen zieht Väterchen,
Väterchen zieht die Rübe, sie ziehen und ziehen,
können sie nicht herausziehen.

Kommt das Hühnchen: Hühnchen zieht Hündchen,
15 Hündchen zieht Enkelchen, Enkelchen zieht Mütterchen,
Mütterchen zieht Väterchen, Väterchen zieht die Rübe,
sie ziehen und ziehen, können sie nicht herausziehen.

Kommt das Hähnchen: Hähnchen zieht Hühnchen,
Hühnchen zieht Hündchen, Hündchen zieht Enkelchen,
20 Enkelchen zieht Mütterchen, Mütterchen zieht Väterchen,
Väterchen zieht die Rübe, sie ziehen und ziehen – schwupps,
ist die Rübe heraus und das Märchen ist aus.

Volksgut aus Russland

1 Spielt das Märchen nach.

Die drei Federn

Ein König hatte drei Söhne. Zwei waren klug,
der Jüngste aber wurde nur der Dummling genannt.
Als der König alt wurde, wusste er nicht,
wer sein Reich erben sollte.
5 Er sprach zu seinen Söhnen:
„Ziehet aus, und wer mir den schönsten Teppich bringt,
der soll nach meinem Tod König sein."
Er blies drei Federn in die Luft und sprach:
„Wie die fliegen, so sollt ihr ziehen."

10 Die eine Feder flog nach Osten, die andere nach Westen,
die dritte aber fiel nur auf den Boden.
So zog der eine Sohn nach rechts, der andere nach links.
Der Dummling jedoch setzte sich traurig auf den Boden.

Da sah er eine Türe in der Erde.
15 Er klopfte an und eine Stimme rief:
„Jungfer, grün und klein, Hutzelbein!
Hutzelbeins Hündchen, Hutzel hin und her,
Lass geschwind sehen, wer draußen wär."

Der Dummling sah eine dicke Kröte, die ihn fragte,
20 was er wünsche.
„Ich hätte gerne den schönsten und feinsten Teppich",
antwortete er.
Schon öffnete die Kröte eine Schachtel und holte
daraus den feinsten Teppich.
25 Die beiden anderen Brüder jedoch brachten grobe
Tücher von einem Schäferweib, denn sie glaubten,
dass sie sich keine Mühe geben müssten.
Als der König dies sah, sagte er:
„Das Reich gehört dem Jüngsten."

30 Die beiden Älteren ließen ihrem Vater aber keine Ruhe und
baten um eine weitere Bedingung.

So sprach der König:
„Wer mir den schönsten Ring bringt, der soll König werden."
Wieder blies er drei Federn in die Luft und sie flogen
35 wie beim ersten Mal.

So stand der Dummling erneut vor der Türe,
klopfte an und die Kröte rief:

„Jungfer, grün und klein, Hutzelbein!
Hutzelbeins Hündchen, Hutzel hin und her,
40 Lass geschwind sehen, wer draußen wär."

Er bat die Kröte um den schönsten Ring, den ein
Goldschmied machen könne.
Schon öffnete die Kröte eine Schachtel und gab
ihm einen goldenen Ring.
45 Die beiden Brüder aber glaubten wieder,
sich keine Mühe geben zu müssen und brachten dem Vater
Nägel aus Wagenringen.
Als der König dies sah, sprach er:
„Das Reich gehört dem Jüngsten."

50 Aber die beiden älteren Brüder quälten den Vater so lange,
bis er eine dritte Bedingung stellte.
Er sprach:
„Wer mir die schönste Frau heimbringt, der soll König werden."

Auch diesmal blies er drei Federn in die Luft.
55 Zwei flogen nach Osten und Westen, die dritte jedoch
fiel wieder neben die Türe auf den Boden.

Diesmal gab ihm die dicke Kröte eine gelbe Rübe,
vor die sechs Mäuse gespannt waren.
Sie bat den Dummling, eine kleine Kröte
60 hinein zu setzen. Als der Dummling dies getan hatte,
berührte die dicke Kröte sie.
Da wurde aus der kleinen Kröte
eine wunderschöne Frau, aus der Rübe
eine Kutsche und aus den Mäuschen sechs Pferde.

65 Damit kehrte der Dummling zu seinem Vater zurück.
Die Brüder aber führten das erste Bauernweib heim,
das sie gesehen hatten.
Als der König dies sah, sprach er:
„Das Reich gehört dem Jüngsten."
70 Und als der König starb, erhielt der Dummling
die Krone und regierte klug bis zu seinem Tod
das große Reich.

Gebrüder Grimm

Märchen sind besondere Geschichten.
Sie beginnen oft mit *Es war einmal ...* und enden häufig mit
... und wenn sie nicht gestorben sind, dann leben sie noch heute.
In Märchen gibt es häufig:
- sprechende Tiere,
- die Zahlen 3, 7, 12 und 13,
- besondere Verse oder Zaubersprüche,
- Zauberwesen.

Die Guten gewinnen immer, und die Bösen werden oft bestraft.

① Welche Märchenmerkmale findest du im Märchen *Die drei Federn?*

② Warum setzt sich der Dummling am Anfang des Märchens traurig
auf den Boden?

→ S. 35   → S. 29

Der Wolf und die sieben Geißlein

① Wer sagt im Märchen
Piris Spruch?

② Erzähle das Märchen
mit Hilfe der Bilder.

③ Gestalte zu einem anderen
Märchen eigene Bilder.

*Was rumpelt und pumpelt in
meinem Bauch herum?
Ich meinte, es wären Geißlein,
doch sind's lauter Wackerstein.*

Rumpelstilz sucht Freunde

Ach, wie dumm, dass niemand weiß,
dass ich Rumpelstilzchen heiß.

Niemand schreibt mir Liebesbriefe,
niemand fragt, ob ich gut schliefe.

Niemand schreibt mir Ansichtskarten,
lädt mich ein in seinen Garten.

Niemand wünscht mir frohe Feste,
niemals kommen zu mir Gäste.

Niemals schrillt das Telefon,
so geht das seit Jahren schon.

Doch so will ich nicht verweilen,
deshalb schreib ich diese Zeilen.

Damit nun ein jeder weiß,
dass ich Rumpelstilzchen heiß.

Gerald Jatzek

1 Zähle auf, worüber sich Rumpelstilzchen ärgert.

2 Du kannst ihm einen Brief oder eine Karte schreiben.

3 Warum hat Rumpelstilz keine Freunde?

→ S. 30/31

A E I O U

Tante Klara macht am Abend
manchmal sich ein warmes Bad,
radelt gern und mag Bananen
oder Ananassalat.

Besengret, die Wetterhexe,
hext den Regen, hext den Schnee
fegt auf ihrem Hexenbesen
über Felder, Berg und See.

Zipf und Kipf, die beiden Wichtel,
sitzen schon seit Viertel vier
auf dem Fliegenpilz und trinken
Wichtelwein und Wichtelbier.

Oben jodelt, oh wie komisch,
Onkel Otto aus Tirol,
hat ein Loch im Hosenboden
und kocht morgen Rosenkohl.

Unten schlurft durch dunkle Stuben
Urgroßmutter Uhlenfuß,
brummt und braut Rapunzelsuppe,
Wurzelwein und Gurkenmus.

Werner Halle

1 Passt die Überschrift zum Gedicht? Begründe.

Die drei kleinen Schweinchen

Es waren einmal drei Schweinchen. Zilli, Billi und Willi.
Zilli baute sich ein Haus aus Stroh.
Billi baute sich ein Haus aus Holz.
Willi baute sich ein festes Haus aus Stein.

5 „Nun", sagten die drei Schweinchen, „wenn der böse Wolf kommt,
verstecken wir uns in unseren Häusern. Wir haben keine Angst vor
dem bösen Wolf!"
Eines Tages schlich der böse Wolf vorbei und wollte die Schweinchen
fressen. Zilli, Billi und Willi rannten in ihre Häuser. Der Wolf kam zu
10 Zillis Haus aus Stroh und sagte: „Ich werde husten und pusten und
dein Haus wegpusten!" Er hustete und pustete, bis das Haus weg war.
Zilli rannte zu Billis Haus.
Der Wolf kam zu Billis Haus aus Holz und sagte: „Ich werde husten
und pusten und dein Haus wegpusten!" Er hustete und pustete,
15 bis das Haus weg war. Zilli und Billi rannten zu Willis Haus.
Der Wolf kam zu Willis Haus aus Stein und sagte: „Ich werde husten
und pusten und dein Haus wegpusten!" Er hustete und pustete und
hustete und pustete, aber das Steinhaus konnte er nicht wegpusten.
Der Wolf hustete und pustete so sehr, dass er platzte.
20 Da lachten die drei kleinen Schweinchen.
Von nun an wohnten Zilli, Billi und Willi zusammen
in dem Haus aus Stein. „Wir haben keine Angst vor
dem bösen Wolf!", sagten sie.

Elizabeth Shaw

Ein kleines Krokodil mit ziemlich viel Gefühl

Seit Tagen läuft Krokodil ruhelos umher. Mal ist ihm kalt, mal ist ihm heiß,
mal ist er zu Tode betrübt, mal könnte er vor Glück die ganze
Welt umarmen. Klarer Fall: Krokodil ist verliebt.
Aber wie das fast immer so ist, wenn man verliebt ist,
5 gibt es da ein kleines Problem.
Diejenige, in die er verliebt ist, ist nämlich Giraffe.

Und Giraffe ist sehr,
sehr groß. Das allein
hätte Krokodil ja gar
10 nicht gestört.
Aber als er Giraffe
neulich sein
allerschönstes Lächeln
schenken wollte, sah
15 sie ihn nicht einmal.

„Ich müsste größer sein",
überlegte Krokodil.
„Wenn ich auf Stelzen gehe,
sieht sie mich bestimmt."

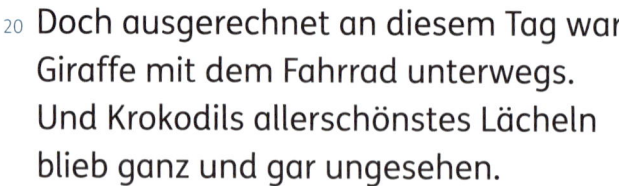

20 Doch ausgerechnet an diesem Tag war
Giraffe mit dem Fahrrad unterwegs.
Und Krokodils allerschönstes Lächeln
blieb ganz und gar ungesehen.

„Ich werde hoch oben auf der
25 Brücke Kunststückchen machen",
dachte Krokodil. „Dann beachtet sie
mich ganz bestimmt."

Doch da hatte die Freundin von Giraffe etwas sehr Wichtiges zu erzählen. Und Krokodils Kunststückchen blieben ganz und gar unbeachtet.

30 „Ich werde auf ihren Lieblingsbaum klettern und ihr von dort aus ein paar Blätter zum Essen reichen", überlegte Krokodil und kaufte, um auch alles richtig zu machen, noch ein paar ganz
35 besonders feine Blättchen dazu.

Doch …

Daniela Kulot

Krokodil hat einfach kein Glück. Egal was er sich ausdenkt, irgendetwas kommt immer dazwischen – bis es ihm eines Tages doch gelingt, Giraffes Aufmerksamkeit zu gewinnen.

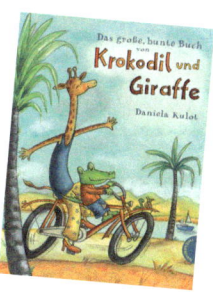

① Warum ist das kleine Krokodil so ruhelos?

② Überlege dir mit einem Partner, wie die Geschichte weitergehen könnte.

③ Spielt eure Geschichte.

→ 📖 S. 38

Mit Handpuppen spielen

Hanna und Anton haben sich ein Handpuppenspiel zu der Geschichte
Ein kleines Krokodil mit ziemlich viel Gefühl ausgedacht.
Sie spielen der Klasse ihr Stück vor. Die Handpuppen haben sie aus
alten Socken selbst gemacht.

- Überlege dir mit einem Partner ein eigenes Handpuppenspiel zu
  der Geschichte *Ein kleines Krokodil mit ziemlich viel Gefühl.*

- Bastelt euch dafür eigene Handpuppen aus Socken.
  Besprecht zuerst, wie die Handpuppen aussehen sollen und
  was ihr dafür braucht.

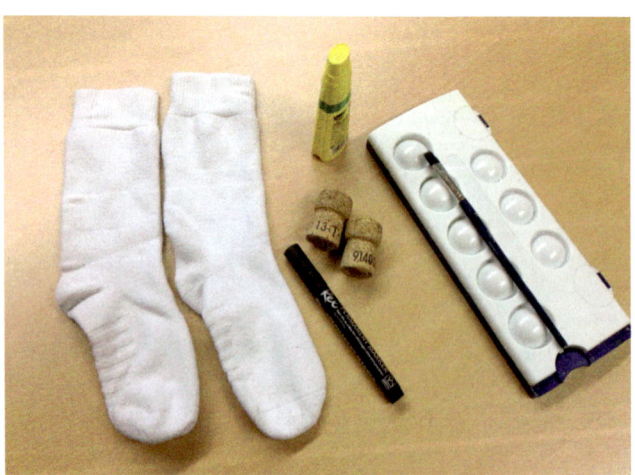 

- Malt eure Socken mit Wasserfarben an.
  Lasst die Socken gut trocknen, bevor ihr weitermacht.

- Gestaltet nun eure angemalten Socken.

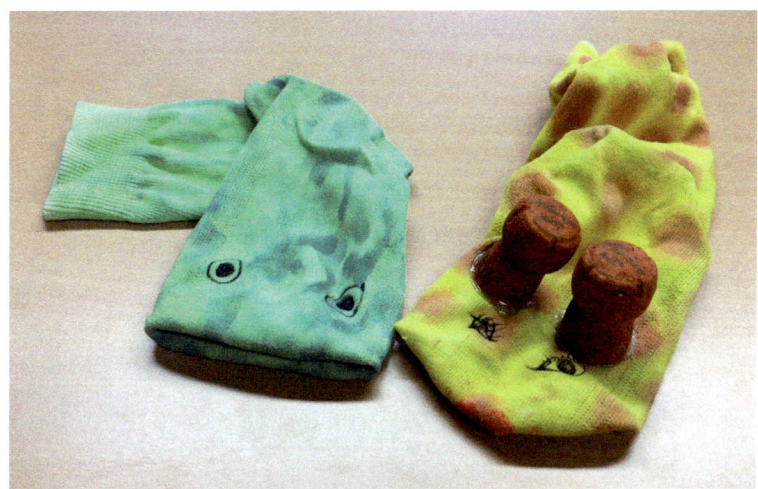

- Übt euer Puppenspiel.
  Lasst euch von einem anderen Kind Tipps geben, was ihr verbessern könnt.

- Führt euer Stück der Klasse vor.

Lesetraining

① Lies die Wörter.

Mär chen   zau bern   Kö nig   Kro ne

er zäh len   Groß mut ter   Bil der buch   Zau ber spruch

be o bach ten   Ro sen gar ten   Rum pel stilz chen

② Lies die Wörtertreppen.

Märchen   Märchen
Märchenbuch   Märchenwelt

Schatz   Hexe
Schatzsuche   Hexentanz

Schloss   Schloss
Schlossturm   Schlossplatz
Schlossturmfenster   Schlossplatzfest

③ Lies die Satztreppe.

Die
Die kleine
Die kleine Hexe
Die kleine Hexe übt
Die kleine Hexe übt heute
Die kleine Hexe übt heute für
Die kleine Hexe übt heute für die
Die kleine Hexe übt heute für die Hexen
Die kleine Hexe übt heute für die Hexenprüfung.

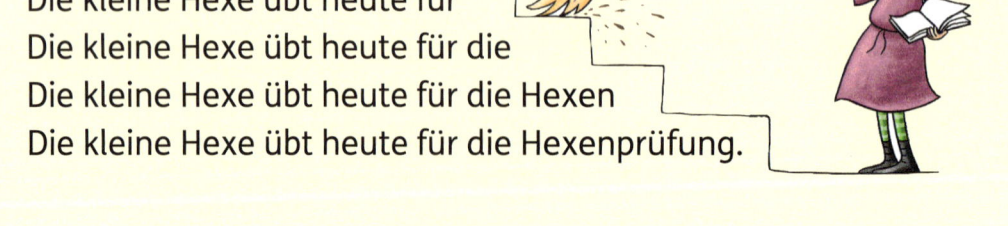

176

4 Übe die Zaubersprüche.
Lies mit besonderer Betonung und in unterschiedlichem Tempo.

SIM SA LA BIM
BIM LA SA SIM
BIM SA LA SIM
SIM LA SA BIM

A BRA KA DA BRA
A BRA DA KA BRA
A DRA BA KA DRA
A KRA DA BA KRA

5 Lies die verzauberten Wörter.

NEXEH NESEB

REREBUAZ BATSREBUAZ

PRINZ PRINZESSIN GLÜCK

KÖNIG KÖNIGIN ZAUBERSPRUCH

KÖNIG REICH HEXEN BESEN

HEXEN HAUS MÄRCHEN BUCH

→ S. 32

Mit Bildern erzählen

① Lies den Text und schau dir die Bilder an.

Es war ein heißer Tag.
Die Königin machte sich auf den Heimweg.
Sie trug einen Korb mit roten Äpfeln.

② Was haben die Kinder gemalt, um sich an den Text zu erinnern?

Wenn du dich an einen Text erinnern möchtest, kannst du Bilder malen:
- zu den Personen,
- zum Ablauf der Geschichte,
- zu einzelnen Abschnitten.

③ Lies die folgenden Abschnitte und male dazu.

Endlich erreichte die Königin den dunklen Wald.
In der Ferne sah sie schon den roten Turm.

Als sie durch das große Tor trat, kam ihr der Prinz entgegen.

Er umarmte sie glücklich und sagte: „Dem König geht es schlecht.
Diese Äpfel werden ihn gesund machen."

Schon als der König die ersten Bissen getan hatte,
konnte er sich in seinem Bett aufsetzen.

④ Erzähle die Geschichte mit Hilfe deiner Bilder.

Zusammengesetzte Nomen

1 Beantworte die folgenden Fragen. Was fällt dir auf?

> Wie heißt eine **Decke** für den **Tisch**?

> Wie nennt man einen **Ball** aus **Schnee**?

> In welchem **Buch** stehen **Märchen**?

2 Kannst du aus zwei Bausteinen ein zusammengesetztes Wort bilden?

3 Schreibe die gefundenen Wörter auf. Schreibe so in dein Heft:
der Apfel, der Baum: der Apfelbaum, ...

> Viele Wörter kannst du in Wortbausteine zerlegen.
> **Zusammengesetzte Nomen** können aus **zwei Nomen** bestehen:
> *das Buch,* **die** *Seite –* **die** *Buchseite.*
> Der Artikel richtet sich nach dem zweiten Nomen.

4 Bilde zusammengesetzte Nomen. Was fällt dir auf?

die Geburt, der Tag   der Advent, die Zeit

→ 📙 S. 65/66   → 📙 S. 55   179

Spiele mit Sprache

Die kleine Hexe Lina hat den Einkaufszettel verhext:

Papierbonbons
Schokoladenkarten
Hustenwurst
Fleischpulver
Posttücher
Puddingfutter
Katzenstreusel

① Was hat sie gemacht?

② Schreibe den Einkaufszettel ab und trenne die Nomen durch senkrechte Striche voneinander. Setze die Wörter richtig zusammen.

③ Verhexe eigene Wörter. Dein Partner setzt sie richtig zusammen.

④ Was ist bei den Sätzen geschehen? Schreibe sie richtig in dein Heft.

> Die Königin ging die *Schlesstroppe* hinauf.

> Dort blätterte sie im *Zuberbauch*.

> Sie schaute das Bild vom *Mirchenpränz* an.

> Er saß im *Rasengorten*.

⑤ Arbeit auf der Wortbaustelle: Welche Wörter kannst du bilden? Schreibe sie in dein Heft.

GLÜCKWUNSCHFEENMÄRCHENZAUBERBUCH

Nachsilben -chen und -lein

① Lies beide Texte. Vergleiche sie.
Was hat sich geändert?

Schneewittchen erwacht in einem Bett. Sie schaut sich in dem Zimmer um und entdeckt sieben Zwerge mit roten Mützen. Auf dem Tisch stehen Becher und Teller. Daneben liegen Löffel und Messer.

Schneewittchen erwacht in einem Bettchen. Sie schaut sich in dem Zimmer um und entdeckt sieben Zwerglein mit roten Mützchen. Auf dem Tischchen stehen Becherchen und Tellerchen. Daneben liegen Löffelchen und Messerchen.

② Welcher Text beschreibt das Haus der Zwerge besser? Begründe.

③ Schreibe die Nomen mit den Nachsilben **-chen** und **-lein** mit Artikel in dein Heft.
Setze den bestimmten Artikel davor.

> Die **Nachsilben -chen** und **-lein** sind Wortbausteine. Sie verkleinern Nomen.
> Diese Nomen haben in der Einzahl immer den Artikel **das**:
> *der Stein – das Steinchen, das Kind – das Kindlein.*

④ Bilde Nomen mit den Nachsilben **-chen** und **-lein**.
Schreibe so: der Eimer — das Eimerchen, ...

| Eimer | Ring | Sessel | Heft | Schwester |

→ S. 56/57

Wortstamm und Endungen bei Verben

① Lies den Text.

Frau Becker bittet die Kinder ihrer Klasse,
ein Märchenbild zu malen.
Pedro malt den Wolf am Haus der Geißlein.
Timo und Maja malen zusammen ein Bild
von Dornröschen im Schlossturm.
„Ich male das Rotkäppchen", sagt Lisa.
Frau Becker lobt sie:
„Du malst aber sehr sorgfältig!"

② Was bleibt beim Verb *malen* immer gleich?

> Den Teil des Verbs, der gleich bleibt, nennt man **Wortstamm**:
> *schreib**en**, ich schreib**e**, du schreib**st**, er schreib**t**, wir schreib**en**.*

③ Schreibe alle Personalformen des Verbs *malen* aus dem Text in dein Heft.
Unterstreiche den Teil des Verbs, der sich ändert.

> Den Teil, der sich beim Verb verändert, nennt man **Endung**:
> *schreib**en**, ich schreib**e**, du schreib**st**, er schreib**t**, wir schreib**en**.*

④ Schreibe die Sätze in dein Heft.
Setze die Verbform mit der richtigen Endung ein.

Manchmal wird aus
dem Vokal a der Umlaut ä.

Die Hexe | zaubern | einen Schatz.

Sie | vergraben | ihn in einer Höhle.

Hänsel und Gretel | beobachten | sie dabei.

⑤ Unterstreiche den Wortstamm.

Vorsilben bei Verben

| auspacken | packen | einpacken |

① Welches Verb passt zu welchem Bild? Ordne zu.

② Erkläre die unterschiedlichen Bedeutungen der Verben.

> Vorsilben sind Wortbausteine, die vor den Wortstamm gestellt werden.
> Verben erhalten durch **Vorsilben** eine andere Bedeutung:
> laufen – **ver**laufen – **vor**laufen – **ab**laufen.
> Wörter mit gleichem Wortstamm gehören zu einer Wortfamilie.

③ Setze die Vorsilben in den Text ein.
Schreibe die Sätze in dein Heft.

| zu | vor | ver | aus |

Pechmarie wollte die Brote
im Ofen ___ brennen lassen.

Die Königin wollte nicht ___ lassen,
dass Rumpelstilzchen ihr Kind mitnahm.

Der Wolf wollte Rotkäppchen ___ spielen,
dass er die Großmutter wäre.

Goldmarie musste bei Frau Holle
oft die Betten ___ schütteln.

→ 📙 S. 67/68   → 📙 S. 59/60

Gegenteilige Adjektive

Eine Witwe 📖 hatte zwei Töchter, davon war die eine faul und hässlich, die andere fleißig und schön. Sie hatte aber die Faule viel lieber, weil die ihre richtige Tochter war. Die Fleißige musste jeden Tag am Brunnen spinnen.
Einmal fiel ihr jedoch die Spule hinein. Sie sprang hinterher, um sie zu holen. Nach einem langen Weg kam sie zu Frau Holle. Dort arbeitete sie ordentlich und fleißig. Als sie nach Hause wollte, musste sie durch ein Tor gehen und wurde mit Gold überschüttet.
Die andere Tochter wollte nun das gleiche Glück haben.
Sie war aber unordentlich und faul.
Als sie nach Hause kam, war sie mit schwarzem Pech überschüttet.

① Wie werden die beiden Töchter beschrieben?
Schreibe so: Die eine Tochter war ... Die andere Tochter war ...

② Suche zu jedem dieser Adjektive das Gegenteil.
Schreibe so in dein Heft: süß — sauer, ...

süß	rau	kalt	dick	lang	klein

schwer	gelb	jung	böse	spät	schnell

③ Findest du noch weitere Gegensatzpaare?

④ Bilde Sätze mit einigen Adjektiven.

*Zu **einem** Adjektiv gibt es kein Gegenteil.*

Zusammengesetzte Adjektive

1. Wie beschreiben die Kinder die Personen? Achte auf die Adjektive.

2. Schreibe die Sätze so in dein Heft:
   Pedro ist stark wie ein Bär. Er ist bärenstark.

   Pedro ist stark wie ein Bär. Er ist ____.

   Paul rennt schnell wie ein Blitz. Er ist ____.

   Das Brot ist hart wie Stein. Es ist ____.

   Das Fell der Katze ist weich wie Samt. Es ist ____.

3. Unterstreiche die zusammengesetzten Adjektive.

   Auch zusammengesetzte Adjektive schreibt man klein.

4. Welche Nomen passen zu welchen Farben?
   Schreibe die zusammengesetzten Adjektive in dein Heft.

    blau    rot   gelb   grün

   | Apfel | Wein | Himmel | Feuer | Zitronen | Gras |

→ 📙 S. 62

Wörter mit X/x und Qu/qu

Von der Hexe, die schwimmen lernen wollte

Es war einmal eine Hexe, die wollte schwimmen lernen.
Im Bach ekelte sie sich vor den Kaulquappen 📖.
Am Meer waren ihr die Wellen zu hoch und
sie mochte die Quallen nicht. Dann kam sie
an einen See, in dem viele Frösche quakten.
Sie hatte gerade einen Zeh ins Wasser gesteckt,
da erschien eine grüne Nixe mit goldenem Haar.
„Kannst du mir helfen?", fragte die Hexe.
„Ich möchte schwimmen lernen."
„Ohne Schwanz?", kicherte die Nixe.
„Das geht doch nicht!"
Dann tauchte sie unter.
Da wurde die Hexe traurig.
Plötzlich kam Max quer über die Wiese gelaufen.
„Kannst du mir helfen?", fragte ihn die Hexe.
„Ich möchte gern schwimmen lernen."
„Da habe ich eine Idee!", rief Max.
Und schon lief er fort und kam zurück
mit einem Schwimmreifen.
So lernte die Hexe doch noch schwimmen.
Und wenn sie nicht gestorben ist, dann lebt sie noch heute.

nach Ute Schimmler

① Achte beim zweiten Lesen auf die Wörter mit **Qu/qu** und **X/x**.
Wie viele Wörter kannst du jeweils finden?

② Schreibe die Wörter mit **Qu/qu** und **X/x** geordnet in dein Heft.
Lege eine Tabelle an.

③ Ergänze weitere Wörter mit Hilfe des Wörterbuches.
Findest du Wörter für deine Merkwörterkartei?

4 Bilde Verben mit **qu**. Schreibe sie in dein Heft.

quiet–	quä–	quie–	quen–	quet–

–schen	–geln	–schen	–len	–ken

5 Schreibe die Sätze in dein Heft. Ersetze die Bilder durch Wörter **Qu/qu**.

Beim  sind alle Seiten gleich lang.

Aus dem Kamin kommt dichter .

Zum Frühstück gibt es mit Früchten.

Leon wanderte bis zur  des Flusses.

6 Kontrolliere mit dem Wörterbuch.

7 Kannst du Max helfen?

→ S. 69/70

Wörtertraining

Märchen	Hexe	Nixe	Qualm	Text
Geschichte	Quadrat	Quelle	Schwester	
quietschen	quieken	quengeln	quaken	

① Schreibe alle Nomen untereinander in dein Heft.

② Schreibe die Wörter jeweils in der Mehrzahl daneben.
Welches Nomen kannst du nicht in die Mehrzahl setzen?

③ Schreibe die Verben in dein Heft ab.

④ Ordne sie nach dem Abc.

⑤ Schreibe die Wörter mit Artikel in dein Heft. Markiere **X/x**.

⑥ Schreibe die Sätze mit den richtigen Verben in dein Heft.
Unterstreiche die Verben mit **qu**.

Die Frösche ▢ im Teich. | quieken |

Die Türen im Hexenhaus ▢. | quaken |

Im Stall ▢ die Schweinchen. | quietschen |

7. Bilde Nomen mit -**chen** oder -**lein**. Schreibe die Sätze in dein Heft.

Im Haus sind Fenster, im Häuschen sind  .

Der Riese hat eine Schwester, der Zwerg hat ein  .

Die Riesenfrau trägt einen Ring, die Zwergenfrau ein  .

8. Schreibe die Sätze richtig in dein Heft.
Markiere die Satzschlusszeichen und die Satzanfänge.

AUSDEMKAMINSTEIGTQUALM

TRIXIGEHTALLEINEBISZURQUELLE

MAGSTDUDIEGESCHICHTEVONDERNIXE

9. Schreibe den Text ab.

Märchen

In Xavers Buch gibt es Märchen von Hexen und Nixen.
Die Hexe Trixi wohnt in einem Hexenhäuschen.
Aus dem Kamin steigt Qualm.
Die Fensterchen sehen aus wie Quadrate.
Das Haus steht an der Quelle eines Baches.
Xavers Schwester quengelt.
Xaver liest ihr den Text vor.

10. Du kannst den Text als Diktat üben.

Ein Akrostichon schreiben

ZWÖLF
WINZIGE
ELFEN
REISEN
GERNE

RIESENTURM
ALLEIN
PRINZ
UNTEN
NACHT
ZOPF
EWIG
LIEBE

SCHWER
WILD
BÄRENSTARK
FÄUSTE
RIESIG

RAUBEN
ÄRGER
UNGLÜCK
BÖSE
ERSCHRECKEN
RAUFEN

1 Diese Gedichte nennt man Akrostichons. Erkläre, wie sie aufgebaut sind.

2 Was beschreiben die einzelnen Akrostichons?

Einige Kinder aus der 2a haben eigene Akrostichons geschrieben.

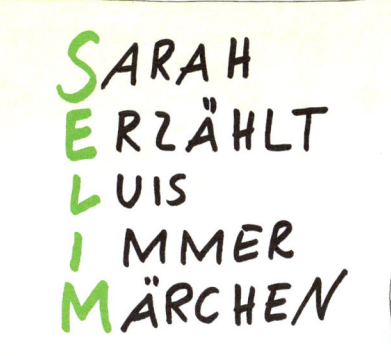

① Wie heißen die Kinder, die diese Gedichte geschrieben haben?

② Wovon erzählen sie mit ihren Namen – Akrostichons?

Akrostichons sind besondere Gedichte.
Man schreibt die Buchstaben eines Wortes untereinander auf.
Diese werden dann zu Buchstaben in neuen Wörtern.

③ Schreibe ein Akrostichon zu deinem Namen.

④ Wähle eine Märchenfigur, die du magst.
Schreibe zu ihr ein Akrostichon. Gestalte ein Schmuckblatt.

Der Kern

Ein kleiner Kern, von der Sonne geweckt,
zeigt übers Jahr, was in ihm steckt.
Es ist ein Wunder, du kannst es sehen!
Probier's selbst aus, um dann mit wachen Augen
durch die Welt zu gehen.

Aus einer gelben Sonne fällt
ein Kern hinunter auf die Welt
ins weiche Gras hinein,

schläft in der warmen Erde ein,
lässt den Winter Winter sein

Das Jahr

und streckt, vom Frühling geweckt,
den Finger aus nach oben, da ist's hell.
Ganz schnell geht's weiter in die Höh'.

Und sieh! Mit der Zeit ist es so weit:
Aus einer gelben Sonne fällt ein Kern
hinunter auf die Welt!

Bärbel Haas

→ S. 72–73   → S. 39

Herbst

Herbstlied

Worte: G. Lang

„Ihr Blät – ter, wollt ihr tan – zen?"

so rief im Herbst der Wind.

„Ja, ja, wir wol – len tan – zen,

ja, ja, wir wol – len tan – zen,

komm, hol uns nur ge – schwind."

2. Da fuhr er durch die Äste
und pflückte Blatt für Blatt.
„Nun ziehen wir zum Feste,
nun ziehen wir zum Feste,
nun tanzen wir uns satt."

Wir suchen den Herbst

„Bist du der Herbst?", fragen die Kinder das bunte Laub.
„Nein, ich bin nur sein Kleid."

„Bist du der Herbst?", fragen die Kinder den Nebel.
„Nein, er versteckt sich in mir."

„Bist du der Herbst?", fragen die Kinder den Apfel.
„Nein, ich gehöre zu seinem Gepäck."

„Bist du der Herbst?", fragen die Kinder die Aster 📖.
„Nein, ich stehe an seinem Weg und grüße ihn."

„Bist du der Herbst?", fragen die Kinder das Spinnennetz.
„Nein, ich will ihn einfangen, aber er entwischt mir immer wieder."

„Bist du der Herbst?", fragen die Kinder den Wind.
„Nein, ich bin nur seine laute Stimme."

Kurt Meiers

1 Lest den Text mit verteilten Rollen.

2 Wen können die Kinder auch fragen?

195

So ein dicker Nebel

Peter kann die Häuser auf der anderen
Straßenseite nicht sehen.
Im Nebel sieht alles ganz anders aus, denkt er.
Da kommt ihm ein schrecklicher Hund entgegen.
Peter erschrickt.
Aber es ist nur Richters Hund,
der Peter begrüßen will.
Nun tauchen zwei glühende Augen auf.
Wie sie näher kommen, sieht er,
dass es Schultes Bäckerwagen ist.
Herr Schulte fährt heute
sehr langsam und vorsichtig.
Als Peter zur Schule kommt,
da huschen von allen Seiten Kinder herbei.
Wenn es in der Pause auch so neblig ist,
denkt Peter, können wir fein Fangen spielen.

Josef Schölling

① Weshalb erschrickt sich Peter?

② Warum kann man bei Nebel gut Fangen spielen?

③ Welche Kleidung wählst du, damit man dich im Nebel besser sehen kann?

Der Mann mit dem Hut

Einmal im Herbst pfiff und heulte der Wind
um die Ecken. Und schon hatte er einem Mann,
der gerade des Weges kam, den Hut
vom Kopf gerissen und weggeweht.
5 Sofort lief der Mann hinterher.
Doch jedes Mal, wenn er sich
nach dem Hut bückte,
stieß ihn der Wind wieder ein Stück weg!
So ging es eine ganze Weile,
10 kreuz und quer durch die ganze Stadt.
In einer langen, geraden Straße sah
der Mann seinen Hut zum letzten Mal.
Er rollte geradewegs unter die vielen Autos,
die über ihn fuhren.
15 Erst schimpfte der Mann
fürchterlich auf den Herbst.
Dann auf das Herbstwetter
und schließlich auf den Wind.
Als ihm alle Schimpfwörter ausgegangen waren,
20 spürte der Mann plötzlich,
dass die Kälte auf seinem Kopf hockte.
Es fror den Mann erbärmlich,
denn er hatte auch nicht
ein einziges Haar auf dem Kopf!
25 Schnell ging er nach Hause.
Seine Frau tröstete ihn und begann
ihm eine warme Mütze zu stricken.
Die setzte er dann auf und er musste nie wieder
einem Hut hinterherjagen und auf den Herbstwind schimpfen.

Winfried Wolf

① Hast du auch schon einmal etwas Besonderes im Wind erlebt? Erzähle.

→ 📖 S. 75   → 📖 S. 41

Das Fest des Sankt Martin

Am 11. November feiert man
das Fest des Sankt Martin.
Er lebte vor vielen Jahren
und war ein Soldat.
5 Die Menschen mochten ihn,
denn er war sehr hilfsbereit.

Eine Geschichte erzählt,
dass er in einem sehr kalten Winter
auf dem Pferd unterwegs war.
10 Ein armer Mann bat ihn,
ihm etwas zu essen zu geben.
Martin hatte leider nichts dabei.
Aber er teilte seinen Mantel,
damit der Mann nicht mehr so frieren musste.

15 Bald darauf wollte Martin kein Soldat mehr sein.
Er wurde Mönch 📖 und
die Menschen kannten ihn,
weil er viele gute Dinge tat.
Zur Erinnerung an ihn gibt es die Laternenumzüge.
20 Oft wird zum Abschluss ein Martinsfeuer entzündet.

Sonja Liebner-Möller

Eine Piri-Laterne basteln

Durch die Straßen auf und nieder
leuchten die Laternen wieder,
rote, gelbe, grüne, blaue,
lieber Martin, komm und schaue!

Lieselotte Holzmeister

Bastle eine Piri-Laterne.

Du brauchst: einen Luftballon, weiße und orange Pappe,
orange Pfeifenreiniger, eine orange Federboa, weißes, blaues
und rotes Transparentpapier, Kleister, Kleber.

Beklebe einen Luftballon mit
mehreren Lagen weißem
Transparentpapier. Klebe dann
blaue, gelbe und rote Streifen auf.
Schneide die Öffnung für die
Laterne aus.

Male Piris Gesicht auf die orange
Pappe. Beklebe den unteren Teil
und die Augen mit weißer Pappe.
Male das Gesicht an.

Befestige Füße und Hände aus
Pappe an den Pfeifenreinigern.
Klebe diese an den Ballon. Klebe
zum Schluss die Boa als Schwanz
an.

Sonja Liebner-Möller

→ S. 42

Winter

Wann fängt der Winter eigentlich an?

„Wann fängt der Winter eigentlich an?", habe ich neulich in der Klasse
Frau Hübner gefragt. Frau Hübner hat nicht geantwortet.
Sie hat nur gesagt: „Ja, wann fängt der Winter eigentlich an?",
und fragend in die Runde geschaut.

5 Lena hat aufgezeigt und gesagt: „Wenn wir das erste Mal unsere
Winterjacken anziehen." Ihr Zwillingsbruder Jan hat gerufen:
„Die tragen wir doch schon seit Wochen – und da hat grad mal
der Herbst angefangen!"
„Wenn das letzte Blatt vom Baum fällt", meinte Julius.
10 „Haha", feixte Rabea, „dann ist bei unseren Nachbarn schon Winter
und bei uns noch lange nicht!"

Dann quasselten alle durcheinander: „Wenn wir morgens im Dunkeln
zur Schule gehen müssen." „Wenn viel Schnee liegt!" „Wenn es friert!"
„Am ersten Dezember fängt der Winter an!"
15 Ricardo – manchmal sagen wir „Kleiner Professor" zu ihm – wusste
es mal wieder ganz genau: „Der kalendarische Winterbeginn ist am
21. Dezember."

Noch bevor er das erklären
konnte, sagte Lotta auf
20 einmal sehr bestimmt:
„Ihr könnt sagen,
was ihr wollt: Jetzt ist
auf jeden Fall Winter!"
„Wieso das denn jetzt?",
25 fragte Tim irritiert
und Lotta erwiderte:
„Na, schaut doch mal raus!"

Und tatsächlich – draußen fielen feine, zarte Schneeflocken.
Einen kleinen Moment war es ganz still. Doch dann wurde es
30 umso lauter und alle stürmten zum Fenster. Und ausnahmsweise
ließ Frau Hübner uns. Ich glaube, sie hat sich genauso gefreut wie
wir. Jan und Lena haben plötzlich angefangen zu singen:
„Schneeflöckchen, Weißröckchen ..." und alle haben mitgesungen.
Auch die, die sonst nie mitsingen.

35 Während wir sangen, wurden die Schneeflocken immer dicker. Als
das Lied zu Ende war, hat Frau Hübner gesagt: „Zieht eure Jacken an.
Wir wollen in den Winter hinein!"
Und Tom hat geschrien: „Und mit der Zunge Schneeflocken fangen!"
Und genau so haben wir es gemacht.

Mona Hobelmann

1 Findet ihr heraus, wann der Winter anfängt?

Der erste Schnee

Keiner kann es hören,
wenn die weißen Flocken
sich ganz still und locker
aufeinander hocken.

Keiner kann es hören,
es ist kaum zu sehen,
wie die weißen Flocken
wieder schnell vergehen.

Alfons Schweiggert

2 Lies das Gedicht *Der erste Schnee* in verschiedenen Lautstärken.
Wie gefällt es dir am besten?

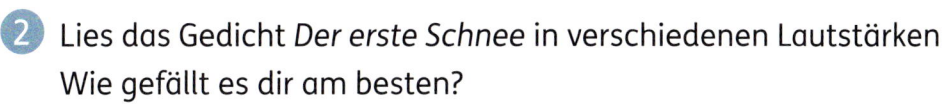

Im Advent

Einen glänzenden Stern
aus Silberpapier
fand ich heut' Morgen
vor unserer Tür.
Er lag auf der Treppe,
ein bisschen versteckt,
hab' ihn beim Brötchenholen
entdeckt.
Bestimmt verlor ihn
der Nikolaus.
Es knisterte
heute Nacht so im Haus.

Lisa-Marie Blum

 Weihnachten fing ganz klein an

Ein Stall, ein Stern,
ein junges Paar.
Die Frau im Stall
ein Kind gebar.

Hirten, Schafe
auf dem Feld.
Plötzlich war
die Nacht erhellt.

Engel, Leuchten,
großes Singen:
Dieses Kind wird
Heil euch bringen.

Mona Hobelmann

1 Du kannst Gedichte spannend, geheimisvoll oder auch langsam
und feierlich vortragen.
Wie passt es für diese Gedichte am besten? Probiere es aus.

2 Untersuche die zwei Gedichte. Welche Zeilen reimen sich?

Ich male mir den Winter

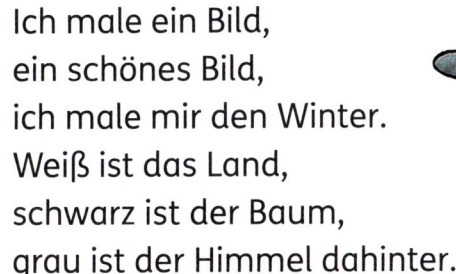

Ich male ein Bild,
ein schönes Bild,
ich male mir den Winter.
Weiß ist das Land,
schwarz ist der Baum,
grau ist der Himmel dahinter.

Sonst ist da nichts,
da ist nirgends was,
da ist weit und breit nichts zu sehen.
Nur auf dem Baum,
auf dem schwarzen Baum
hocken zwei schwarze Krähen.

Aber die Krähen,
was tun die zwei,
was tun die zwei auf den Zweigen?
Sie sitzen dort
und fliegen nicht fort.
Sie frieren nur und schweigen.

Wer mein Bild besieht,
wie's da Winter ist,
wird den Winter durch und durch spüren.
Der zieht einen dicken Pullover an
vor lauter Zittern und Frieren.

Josef Guggenmos

① Schreibe das Gedicht auf ein Blatt und male ein passendes Bild dazu.

Es klopft bei Wanja in der Nacht

Weit fort in einem kalten Land
steht Wanjas Haus am Waldesrand.
In langen Zapfen hängt das Eis
und ringsumher ist alles weiß.
5 Da ist bei Sturm in finstrer Nacht
der Wanja plötzlich aufgewacht.
„Was höre ich da tocken?",
so fragt er sich erschrocken.

Wer ist's, wer klopft da an sein Haus?
10 Ein Hase hockt im Schneesturm drauß'.
Der schreit und jammert kläglich:
„Ich friere so unsäglich."
Der Wanja sagt: „Komm nur herein,
ich heize gleich im Ofen ein."...
15 Das Feuer zischt und prasselt laut, ...
Der Has' streckt sich behaglich aus.
Bald wird es still im kleinen Haus.
Auch Wanja deckt sich wieder zu:
„Gut' Nacht und angenehme Ruh!"

20 *Doch kaum sind beide eingeschlummert, klopfen*
ein Fuchs und später noch ein Bär an die Tür.

Da schreit der Hase: „Nein, o nein,
lass bloß die beiden nicht herein!
Der Fuchs ist drauf versessen,
25 uns Hasen aufzufressen."

Die Tiere aber versprechen, keinem etwas
zuleide zu tun, und so dürfen sie in Wanjas Hütte
übernachten. Alle strecken sich behaglich aus.

Bald wird es still im kleinen Haus.

30 Auch Wanja deckt sich wieder zu:
"Gut' Nacht und angenehme Ruh!"

Der Schneesturm unterdessen
tobt weiter wie besessen.
Er reißt die stärksten Bäume aus

35 und rüttelt an dem kleinen Haus.
Doch drinnen schlafen wohlgeborgen
Fuchs, Bär und Hase bis zum Morgen.

Als am nächsten Tag die Sonne aufgeht, ist die Not der Tiere vorüber.
Sie laufen wieder hinaus in den Wald – jedes in eine andere Richtung,
40 *der Bär erwacht als Letzter.*

"Verflixt, das ist ein Jägerhaus!
Ganz heimlich schleiche ich mich 'raus.
Die Sonne steht schon überm Wald.
Heut' wird's bestimmt nicht mehr so kalt."

45 Er tappt, so leise er vermag,
hinaus in einen neuen Tag.

Der Wanja – noch vom Schlaf umfangen –
begreift nicht, was hier vorgegangen.
Er blickt umher im leeren Raum.

50 War denn alles nur ein Traum?

Der Wanja schaut und nickt und lacht:
"Wir haben wirklich diese Nacht
gemeinsam friedlich zugebracht. –
Was so ein Schneesturm alles macht!"

Tilde Michels

1 Warum haben sich die Tiere in dieser Nacht friedlich verhalten?

2 Spielt das Stück mit verteilten Rollen.

Frühling

Das Wunder auf der Wiese

Mitten im saftig grünen Gras sitzt eine Häsin
und ...
schnuppert. Und lauscht. Und staunt.
Hopsasa!
Irgendetwas ist anders – komisch ...
Es fühlt sich ganz kribbelig an.

Sie macht ein paar Hasenhopser.
„Was ist nur los? Ich muss herausfinden,
warum ich mich heute so kribbelig fühle ...“

„Spürst du die warme Luft? Ich lass mich tragen
und der Wind plustert meine Federn auf.
Ich will singen und zwitschern!
Am liebsten von früh bis spät.“
Tschipschiparititi tschipschiparitititi! [...]

Ein Dachs lugt hinter einem Baumstamm
hervor und leckt sich genüsslich die Schnauze.
„Schon gehört? Da hinten im Wald gibt es
die zartesten Wurzeln, das saftigste Gras
und die süßesten Beeren.
Mmmhhh, lecker! Komm mit, wir schlagen
uns den Bauch voll!“

„Beeren und Wurzeln für dich
und saftiges Gras für mich? Das klingt gut.
Aber erst mal will ich herausfinden,
warum ich mich heute so kribbelig fühle ...“

 → 📙 S. 46

Rapü tsss, rapü tsss!
Ein junger Luchs liegt auf einem
sonnenwarmen Stein und schläft.

„Vielleicht bin ich ja auch einfach müde? –
Nein, nein, Müdigkeit fühlt sich
gemütlich an. Ich muss herausfinden,
warum ich heute so kribbelig bin."

Die Häsin hoppelt leise weg. Sie will den Luchs nicht wecken.
Da knackst es im Wald ...

... und der Luchs machte die Augen auf.
Er schaute die Häsin muffelig an.
„He, warum weckst du mich aus meinem
Frühlingsschlaf? Du bist gemein!
Jedes Tier muss im Frühling etwas
Bestimmtes tun. Und ich muss schlafen!"

„Frühling?"
Plötzlich wird es der Häsin klar.
Das kribbelige Gefühl, das ist der Frühling!
Mit ein paar schnellen Haken
verschwindet sie von der Wiese.

Ann-Kathrin Heger

1 Was muss die Häsin im Frühling tun?

→ 📖 S. 78

Der Hase mit der roten Nase

Es war einmal ein Hase
mit einer roten Nase
und einem blauen Ohr.
Das kommt ganz selten vor.

Die Tiere wunderten sich sehr:
Wo kam denn dieser Hase her?

Er hat im Gras gesessen
und still den Klee gefressen.

Und als der Fuchs vorbeigerannt,
hat er den Hasen nicht erkannt.

Da freute sich der Hase.
„Wie schön ist meine Nase
und auch mein blaues Ohr,
das kommt so selten vor."

Helme Heine

Mein OSTER-Gedicht

Osterhase
Sonntag
Tischdeko(ration)
Eier
Regenwetter
Naschen

Oma
Sichtet
Tatsächlich
Ein
Riesengroßes
Nest mit Eiern

O sterhase
Stup **S**
vers **T** eckt
h **E** ute
ungefäh **R**
ac **H** tzig
h **A** rtgekochte
ver **S** chönerte
Ost **E** reier

Saskia Diederichs

① Schreibe dein eigenes Ostergedicht.

Aufruhr im Gemüsebeet

Es war ein schöner Frühlingsmorgen. In allen Büschen sangen
die Vögel, Blätter und Gras wuchsen und kleine Tiere flogen und
krabbelten und arbeiteten überall herum. Die ganze Luft war von
einem schwach surrenden Geraschel erfüllt, singendes Sausen von
5 all dem Leben, das nach dem Winter erwacht war. Der alte Pettersson
stand im Gemüsegarten und schaute sich um und prüfte die Erde.
„Jetzt ist es so weit", sagte er.
„Heute können wir Gemüse säen und Kartoffeln setzen."
Kater Findus flitzte herum und erschreckte die Käfer.
10 „Was heißt das, setzen?", fragte er.
„In die Erde stecken. Wenn wir Mohrrübensamen
in die Erde säen, wachsen dort Mohrrüben.
Und aus jeder Kartoffel, die wir in die Erde legen,
werden fünf bis zehn neue Kartoffeln."
15 Der Kater sah den Alten streng an.
„Aber ich mag keine fünf bis zehn neue Kartoffeln
und Mohrrüben auch nicht. Können wir nicht lieber
Fleischklößchen pflanzen?"
„In die Erde stecken können wir sie immer.
20 Aber sie werden nicht wachsen", sagte Pettersson.
„Man kann's ja mal versuchen", sagte Findus …
Der Kater pflanzte sein Fleischklößchen.
Von Zeit zu Zeit lief er hin um nachzusehen,
ob es schon gewachsen war.

Sven Nordqvist

① Was wird mit dem Fleischklößchen passieren?

② Was kann man im Frühjahr pflanzen und säen?

Kresse fürs Klassenzimmer

Habt ihr schon einmal ein Brot mit Butter oder Frischkäse und Kresse gegessen? Das schmeckt lecker!
Kresse könnt ihr ganz einfach im Klassenzimmer säen und wachsen lassen. Wetten, dass ihr mehr Erfolg haben werdet als Findus mit seinem Fleischklößchen?

Du brauchst:

- Kressesamen
- Watte
- eine Sprühflasche
- einen Teller

So geht es:

Zupfe die Watte etwas auseinander und lege sie auf den Teller. Befeuchte die Watte mit Wasser aus der Sprühflasche.

Streue die Kressesamen gleichmäßig auf die Watte. Achte darauf, dass die Watte immer feucht bleibt.

Schon nach wenigen Tagen ist die Kresse fertig gewachsen.

Das schenke ich meiner Mama zum Muttertag!

Saskia Diederichs

Sommer

Gewitter

Der Himmel ist blau
Der Himmel wird grau
Wind fegt herbei
Vogelgeschrei
Wolken fast schwarz
Lauf, weiße Katz!
Blitz durch die Stille
Donnergebrülle
Zwei Tropfen im Staub
Dann Prasseln auf Laub
Regenwand
Verschwommenes Land
Blitze tollen
Donner rollen
Es plitschert und platscht
Es trommelt und klatscht
Es rauscht und klopft
Es braust und tropft
Eine Stunde lang
Herrlich bang
Dann Donner schon fern
Kaum noch zu hör'n
Regen ganz fein
Luft frisch und rein
Himmel noch grau
Himmel bald blau!

Erwin Moser

① Schreibe die Verben in dein Heft, die Geräusche beschreiben.

② Lies den Text laut. Betone ihn dabei so, dass man spürt, wie das Gewitter erst immer heftiger wird und dann langsam abklingt.

Ferien zu Hause

In der Klasse 2a erzählen die Kinder von den Ferien.
Stefanie war in Spanien und konnte im Meer
schwimmen. Olivia war mit ihren Eltern in England.
Tom war in Italien. Dort gab es immer
5 sein Lieblingsessen: Spagetti mit Tomatensoße.

Nun soll Malte erzählen, wo er war. Er wird ganz rot.
Dann sagt er: „Weil meine Eltern arbeiten mussten,
konnten wir nicht verreisen. Ich war nur
bei meinen Großeltern."
10 „War das nicht langweilig?", fragt Mona.

Malte überlegt und sagt: „Eigentlich nicht.
Opa und ich haben im Garten ein Zelt aufgebaut.
In dem haben wir zwei Nächte geschlafen.
Das war total unheimlich.
15 Einmal habe ich mit Opa Pilze gesucht. Das war toll.
Oma zeigte mir, wie man aus Rinde Boote schnitzt.
Die sind richtig geschwommen.
Am tollsten war unsere Lesenacht. Jeff und Nico
durften bei mir schlafen. Sie haben ihre Lieblingsbücher
20 mitgebracht. Zuerst haben meine Großeltern vorgelesen,
dann durften wir so lange lesen, wie wir wollten."

Die Kinder schauen Malte an. Dann sagt Tom
nachdenklich: „Ich glaube, Malte hatte spannendere
Ferien als ich."

Ute Schimmler/Sabine Trautmann

1 Warum meint Tom, dass Malte spannendere Ferien hatte?

2 Was kannst du in den Ferien zu Hause machen?

3 Gestaltet ein Ferienplakat.

Wenn die Frösche baden gehen ...

... paddeln sie mit Flossenzehen,
strampeln sie mit Schenkelschlag,
tauchen sie den ganzen Tag!

Und sie quaken, lärmen, schrein,
schubsen sich ins Wasser rein,
fahr'n im Schlauchboot,
angeln Fische.
Schön ist Fröschens
Sommerfrische.

Zita Pardoel

Die drei Fische

Drei Fische
Saßen in Hawaii
Auf rosaroten Stühlen.
Sie wollten sich im Meereswind
Die zarten Flossen kühlen.
Sie aßen viel Zitroneneis
Und schnarchten um die Wette
Am schönen Strande von Hawaii
Und gingen spät zu Bette.

Antonie Schneider

Siebenschläfer

Der Siebenschläfer gehört zu den Nagetieren.
Er baut sich sein Nest gerne in Vogelhäuschen, Baumlöchern und unter
den Dächern von Häusern und Scheunen.
Tagsüber schläft der Siebenschläfer, aber nachts ist er aktiv und sucht
5 sich sein Futter.
Er ernährt sich von Eicheln, Haselnüssen und Samen, aber im Sommer
auch von Insekten, Früchten und Pilzen.
Seinen Namen hat der Siebenschläfer wegen seines Winterschlafes
bekommen. Er dauert sieben Monate. Während des Winterschlafes
10 wacht der Siebenschläfer nicht auf, deshalb muss er sich vorher eine
dicke Fettschicht anfressen.
Etwa einen Monat nach dem Ende des Winterschlafes beginnt die
Paarungszeit. Ein Siebenschläferweibchen bringt vier bis acht Junge
zur Welt.
15 Die Feinde des Siebenschläfers sind Eulen, Marder und Katzen.

Der Siebenschläfer ist auch Namensgeber für den Siebenschläfertag.
Nach einer alten Bauernregel 📖 soll das Wetter in der Folgezeit
sieben Wochen lang so bleiben wie am Siebenschläfertag.

Medienwerkstatt Wissen

1 Finde heraus, wann der Siebenschläfertag ist.

→ 📙 S. 79   → 📙 S. 47

Fachbegriffe und Strategien

Das Abc

Unser **Abc (Alphabet)** hat 26 Buchstaben:

ABCDEFGHIJKLMNOPQRSTUVWXYZ

a b c d e f g h i j k l m n o p q r s t u v w x y z

Außerdem gibt es noch die **Umlaute** Ä/ä, Ö/ö, Ü/ü und das Sonderzeichen ß.

Vokale und Konsonanten

Die Könige **A E I O U** heißen **Vokale (Selbstlaute)**.
Sie werden im Abc so gesprochen, wie sie klingen.

Alle anderen Buchstaben heißen **Konsonanten (Mitlaute)**.
Sie werden im Abc anders gesprochen, als sie klingen. Bei ihnen klingt immer ein Vokal mit.

B wie		heißt im Abc	*Be*
F wie		heißt im Abc	*Eff*
T wie		heißt im Abc	*Te*

Zwielaute

Au/au, **Ei/ei** und **Eu/eu** werden **Zwielaute** genannt, weil sie aus zwei Vokalen bestehen. Aus einem Nomen mit **au** wird in der Mehrzahl oft ein **äu**: *der Raum – die Räume.*

Lange und kurze Vokale

Alle Vokale (Selbstlaute) können unterschiedlich lang gesprochen werden.

In manchen Wörtern klingen sie lang. ▬▬▬
Du kannst sie so lang gezogen sprechen, wie du ein Gummiband ziehen kannst.

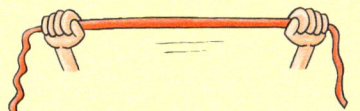  

Schaf   Vogel

Das Wort ist, auch wenn du den Vokal besonders lang sprichst,
noch gut zu verstehen.

In manchen Wörtern klingen die Vokale nur ganz kurz. ●
So wie ein Tipp mit dem Finger.

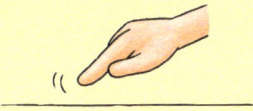  

Kamm   Heft

Das Wort kannst du nur erkennen, wenn du den Vokal kurz sprichst.
Es verändert sich, wenn du den Vokal besonders lang sprichst.

Nomen

Wörter für Menschen, Tiere, Pflanzen und Dinge nennt man **Nomen** (Namenwörter). Nomen werden **großgeschrieben**:
Mutter, Vogel, Baum, Roller.

Nomen haben Begleiter. Diese werden auch **Artikel** genannt.
Es gibt bestimmte Artikel: **der, die, das**.
Es gibt unbestimmte Artikel: **ein, eine**.

der Hund – ein Hund,   die Maus – eine Maus,   das Zebra – ein Zebra

Nomen können in der **Einzahl** oder in der **Mehrzahl** stehen:

ein Auge – viele Augen,   das Auge – die Augen.

Wenn du dir nicht sicher bist, ob du ein Wort groß- oder kleinschreiben musst, mache die Nomenprobe!

Wenn du mindestens zwei der folgenden Fragen mit ja beantworten kannst, ist das Wort ein Nomen.

Frage 1: Ist das Wort ein Mensch, ein Tier, eine Pflanze oder ein Ding?
     Ja, Mantel ist ein Ding.

Frage 2: Kann ich einen Artikel vor das Wort setzen?
     Ja, der Mantel.

Frage 3: Gibt es das Wort in der Einzahl und in der Mehrzahl?
     Ja, ein Mantel – viele Mäntel.

Verben

Verben (Tunwörter, Tuwörter) sagen, was Menschen, Tiere, Pflanzen und Dinge tun.
Verben werden **kleingeschrieben**.
Alle Verben haben eine **Grundform**: *singen, bellen, blühen, liegen*.

Verben können sich verändern. Dann stehen sie in der **Personalform**:

*ich geh**e**, du geh**st**, er geh**t**, wir geh**en**, ihr geh**t**, sie geh**en**.*

Die Endung richtet sich danach, welche Person etwas tut.

Den Teil des Verbs, der gleich bleibt, nennt man **Wortstamm**:
***schreib**en, ich **schreib**e, du **schreib**st, er **schreib**t, wie **schreib**en.*

Den Teil, der sich beim Verb verändert, nennt man **Endung**:
*schreib**en**, ich schreib**e**, du schreib**st**, er schreib**t**.*

Adjektive

Adjektive (Wiewörter) beschreiben, wie Menschen, Tiere, Pflanzen und Dinge sind.
Sie werden **kleingeschrieben**: *Der Elefant ist **groß**.*
  *Die Blume ist **schön**.*
  *Das Auto ist **schnell**.*

Adjektive können **vor** einem **Nomen** stehen.
Dann verändern sie sich:

*groß   – der groß**e** Elefant – ein groß**er** Elefant*
*schön   – die schön**e** Puppe – eine schön**e** Puppe*
*schnell – das schnell**e** Auto – ein schnell**es** Auto*

Silben schwingen 〰

Bevor du ein Wort schreibst:

- 👄 Sprich es deutlich.
- 👂 Höre genau auf die Laute.
- 〰 Schwinge das Wort in Silben.

Schreibe das Wort Silbe für Silbe.

- ❗ Jede Silbe hat einen König.

Hose Tomate

Elefant Stern

Aa Ee Ii Oo Uu Au/au Ei/ei Eu/eu Ää Öö Üü

Nomen und Verben weiterschwingen ↪

Wenn du nicht hörst, ob du ein Nomen am Ende mit b/p, g/k oder d/t schreibst, schwinge es weiter, indem du die Mehrzahl bildest:

der Berg/k? – die Berge, also: der Berg

der Dieb/p? – die Diebe, also: der Dieb

der Hund/t? – die Hunde, also: der Hund

Wenn du nicht hörst, ob ein Verb in der Personalform mit b/p oder g/k geschrieben wird, schwinge es weiter, indem du die Grundform bildest:

sie bleib/pt ? – bleiben, also: sie bleibt | *er parg/kt ? – parken, also: er parkt*

Wenn du nicht hören kannst, ob ein Verb mit ng oder nk geschrieben wird, verlängere es, indem du die Grundform bildest:

sie deng/kt? – denken, also: sie denkt | *er fäng/kt ?– fangen, also: er fängt*

Nomen und Verben ableiten ↳

Man schreibt ein Nomen mit **ä** oder **äu**, wenn es ein verwandtes Wort mit a oder au gibt: die *Träume → der Traum, die Bänke → die Bank.*

Man schreibt ein Verb mit **ä** oder **äu**, wenn es ein verwandtes Wort mit a oder au gibt: *schläft → schlafen, träumt → Traum.*

Aus dem Vokal **a** wird dann der Umlaut **ä**.
Aus dem Zwielaut **au** wird **äu**.

Wortbausteine

Viele Wörter kannst du in **Wortbausteine** zerlegen.
Wortbausteine sind zum Beispiel **Wörter, Vorsilben oder Nachsilben**.
Sie verändern den Sinn des Wortes.

Ein zusammengesetztes Nomen kann aus zwei Nomen bestehen:
das Buch, die Seite → die Buchseite.
Der Artikel richtet sich nach dem zweiten Nomen.

Nachsilben sind Wortbausteine, die hinter den Wortstamm gestellt werden.
Die Nachsilben –chen und –lein verkleinern Nomen.
Diese Nomen haben in der Einzahl immer den Artikel **das**:
der Stein – das Steinchen, das Kind – das Kindlein.

Vorsilben sind Wortbausteine, die vor den Wortstamm gestellt werden.
Verben erhalten durch Vorsilben eine andere Bedeutung:
*laufen – **ver**laufen – **vor**laufen – **ab**laufen.*
Wörter mit dem gleichen Wortstamm gehören zu einer **Wortfamilie**:
***fahr**en, vor**fahr**en, der **Fahr**er.*

Wörter nach dem Abc ordnen/Nachschlagen

Wörter kann man nach dem Anfangsbuchstaben ordnen. Dafür musst du das Abc in der richtigen Reihenfolge von A bis Z beherrschen.

| Tulpe | Sonnenblume | Rose | Gänseblümchen |

Schreibe so: Gänseblümchen, Rose, Sonnenblume, Tulpe

> Ist der erste Buchstabe bei Wörtern gleich, ordnet man nach dem zweiten Buchstaben. Ist dieser auch gleich, ordnet man nach dem dritten Buchstaben.

| Kohl | Kartoffel | Kraut | Kuchen |

Schreibe so: Kartoffel, Kohl, Kraut, Kuchen

Wenn du weißt, wie man Wörter nach dem Abc ordnet, kannst du mühelos mit deiner Wörterliste oder dem Wörterbuch arbeiten. Schaue zunächst nach dem fett gedruckten Anfangsbuchstaben.

> Achtung!
> Bei Nomen in der Mehrzahl musst du vor dem Nachschlagen erst die Einzahl bilden: *die Plätze → der Platz*

Satzarten

Satzanfänge werden großgeschrieben.
Die meisten Sätze sind **Aussagesätze**.
Am Ende eines Aussagesatzes steht ein Punkt: $\boxed{.}$

Ich lese gerne Bücher über Tiere.

Wenn man etwas wissen möchte, stellt man Fragen:
Hast du heute Zeit für mich?
Solche Sätze heißen **Fragesätze**.
Am Ende eines Fragesatzes steht immer ein Fragezeichen: $\boxed{?}$

Viele Fragesätze beginnen mit **Fragewörtern**:
Wer?   Was?   Wann?   Wo?   Warum?   Wie?

Wann *fängt die Sendung an?*

Was *hast du heute gemacht?*

Wo *steht die Kiste mit den Büchern?*

Warum *schaust du so traurig?*

Wie *spät fängt der Film an?*

Wenn Sätze besonders betont gesprochen werden,
setzt du am Ende keinen Punkt, sondern ein **Ausrufezeichen**: $\boxed{!}$

Beispiele dafür sind überraschte **Ausrufe** („*Oh!*" „*Au!*"),
Befehle („*Setz dich jetzt hin!*"), **Aufforderungen** („*Komm mal her!*") und
Glückwünsche („*Herzlichen Glückwunsch zum Geburtstag!*").

Lesestrategien

1. Vor dem Lesen

Vermutungen anstellen
Schaue dir vor dem Lesen den Buchdeckel (das Buchcover) genau an.
Der Titel (Name des Buches) und die Bilder können dir verraten, worum es
in dem Buch geht. Gehe genauso vor, wenn du eine Geschichte liest. Die
Überschrift und die Bilder lassen vermuten, wovon die Geschichte handelt.

2. Während des Lesens

Schlüsselwörter markieren
Um dich nach dem Lesen an einen Text zu erinnern, kannst du die
wichtigsten Wörter (**Schlüsselwörter**) markieren. Gehe so vor:
1. Lies den Text.
2. Lies den Text noch einmal und markiere dabei die wichtigsten Wörter.
   Du kannst z. B. einen farbigen Stift benutzen, die Wörter einkreisen oder
   unterstreichen.
3. Erinnern dich die Wörter an den ganzen Text? Wenn nicht, ergänze.

Zu einer Geschichte malen
Auch Bilder können dir helfen, dich an einen Text zu erinnern.
Male z. B. zu den Personen, zum Ablauf der Geschichte oder
zu einzelnen Abschnitten.

Vermutungen anstellen
Vergleiche beim Lesen deine Vermutungen zur Überschrift und zu den
Bildern mit der Geschichte. Vermute abschnittsweise, wie es weitergehen
könnte.

3. Nach dem Lesen

Einen Text mit Schlüsselwörtern oder Bildern nacherzählen
- Übertrage die Schlüsselwörter für jeden Textabschnitt auf Erzählkarten. Nummeriere die Karten in der richtigen Reihenfolge und erzähle deinen Text nach.
- Du kannst eine Geschichte auch mit selbst gemalten Bildern nacherzählen. Achte dabei auf die richtige Reihenfolge.

Sich über den Text austauschen
- Vergleiche nach dem Lesen deine Vermutungen mit dem Verlauf der Geschichte. Tausche dich mit anderen aus.

Leselexikon

Astern Astern sind Pflanzen. Weil ihre Blüten aussehen wie Sterne, werden sie auch Sternblumen genannt. Es gibt unterschiedliche Arten, die in verschiedenen Farben blühen. Ihre Blütezeit ist im Herbst.

Autor/-in Autorinnen und Autoren sind Personen, die sich einen Text ausdenken und schreiben. Wir nennen sie auch Schriftsteller und Schriftstellerinnen.

Bauernregeln Bauernregeln sind alte Sprüche über das Wetter und die Folgen für die Landwirtschaft. Sie entstanden durch genaue Beobachtungen des Wetters und der Natur über viele Jahrzehnte hinweg. Oft sind Bauernregeln in Reimform geschrieben. Bekannte Bauernregeln sind zum Beispiel: Das Wetter am Siebenschläfertag sieben Wochen bleiben mag.
Gibt's im März zu vielen Regen, bringt die Ernte wenig Segen.

Bienenstock Bienen leben in einem Bienenstock. In der Natur suchen sie sich hohle Baumstämme. Menschen halten Bienen in Holzkästen oder Körben.

Buchillustration Wer das Fach „Buchillustration" studiert, wird später Illustrator/-in. Illustratoren malen Bilder zu einem Buch. Besonders viele Illustrationen findest du in Kinderbüchern. Bilder können helfen, einen Text besser zu verstehen.

Hauptstadt Die Hauptstadt eines Landes ist meistens die Stadt, in der die Regierung ihren Sitz hat. Sie ist nicht immer die größte Stadt. Die Hauptstadt von Deutschland ist Berlin.

Kaulquappen Eine Frosch schlüpft nicht als fertiger Frosch aus dem Ei, sondern er entwickelt sich aus einer Kaulquappe. Kaulquappen haben zuerst noch keine Beine, dafür aber einen Schwanz. Sie leben nur im Wasser. Später entwickeln sich Beine und der Schwanz verschwindet. Der Frosch kann dann das Wasser verlassen.

Mönch	Mönche sind Männer, die im Kloster leben. Das ist ein Wohn- und Arbeitsort der Kirche. Mönche wollen ihr Leben zu Ehren Gottes verbringen. Sie dürfen nicht heiraten. Sie tragen meistens eine besondere Kleidung, so dass man gleich erkennt, dass der Mann ein Mönch ist.
Porträt	Das Wort „Porträt" kommt aus dem Französischen. Es ist ein anderes Wort für ein gemaltes oder fotografiertes Bild von einem Menschen.
Residenz	Eine Residenz ist der Wohn- oder Arbeitsort eines Staatsoberhauptes oder eines Fürsten.
Skizze	Als Skizze bezeichnet man eine einfache Zeichnung. Man benutzt sie, um eine Idee festzuhalten oder um etwas schnell darzustellen. Man kann z. B. eine Skizze zu einem geplanten Hausbau oder einem Unfall machen.
Strichcode	Wenn man in der Bücherei ein Buch ausleiht, wird an der Ausleihtheke der Strichcode abgelesen. Dabei gibt es ein piependes Geräusch. Der Strichcode besteht aus verschieden breiten Strichen und Lücken. Er ist eine Art Geheimschrift und wird mit einem elektronischen Lesegerät übersetzt. Die Bibliothekarin sieht dann auf ihrem Computer, wann ein Buch ausgeliehen wurde. Die Waren im Supermarkt haben auch einen Strichcode. Wird dieser an der Kasse eingelesen, sieht man auf der Anzeige den Preis.
Studium	Als Studium bezeichnet man das Lernen an einer Hochschule. Das ist eine Schule für Erwachsene.
Witwe	Man nennt eine Frau Witwe, wenn ihr Ehemann gestorben ist. Stirbt die Ehefrau, so nennt man den Mann Witwer.

Wörterliste

D

     da
das Dach, die Dächer
     dann
     danken, er dankt
die Decke, die Decken
     dem
     den
     denken, er denkt
     denn
der Dezember
     dick
der Dienstag, die Dienstage
     diese, dieser, dieses
     donnern, es donnert
der Donnerstag, die Donnerstage
das Dorf, die Dörfer
die Dose, die Dosen
     draußen
     drei
     dreißig
     du
     dunkel
     dünn
     dürfen, er darf

E

     eckig
das Eichhörnchen, die Eichhörnchen
der Eimer, die Eimer
     ein, eine, einer
     eins
das Eis
der Elefant, die Elefanten
     elf
die Eltern
das Ende, die Enden

     eng
     England
     englisch
     entdecken, er entdeckt
die Ente, die Enten
die Erde
     erzählen, er erzählt
der Esel, die Esel
     essen, er isst
die Eule, die Eulen
der Euro, die Euros

F

     fahren, er fährt
das Fahrrad, die Fahrräder
die Fahrt, die Fahrten
     fallen, er fällt
die Familie, die Familien
     fangen, er fängt
     faul
der Februar
die Fee, die Feen
der Fehler, die Fehler
     fein
das Feld, die Felder
das Fenster, die Fenster
die Ferien
das Feuer, die Feuer
der Film, die Filme
     finden, er findet
der Finger, die Finger
der Fisch, die Fische
die Flasche, die Flaschen
     fleißig
die Fliege, die Fliegen
     fliegen, er fliegt
     fließen, es fließt

der Flügel, die Flügel
der Fluss, die Flüsse
flüssig
fragen, er fragt
die Frau, die Frauen
der Freitag, die Freitage
freuen, er freut sich
der Freund, die Freunde
die Freundin, die Freundinnen
freundlich
frisch
der Frosch, die Frösche
früh
der Frühling
füllen, er füllt
der Füller, die Füller
fünf
der Fuß, die Füße
der Fußball, die Fußbälle
das Futter

G

die Gabel, die Gabeln
der Garten, die Gärten
geben, er gibt
der Geburtstag, die Geburtstage
gehen, er geht
gelb
das Geld
das Gemüse
gern
das Geschenk, die Geschenke
die Geschichte, die Geschichten
das Gesicht, die Gesichter
das Gespenst, die Gespenster
gestern
gesund

das Glas, die Gläser
glatt
das Glück
graben, er gräbt
das Gras
grau
groß
die Größe, die Größen
die Großmutter, die Großmütter
der Großvater, die Großväter
grün
gut

H

das Haar, die Haare
haben, er hat
der Hahn, die Hähne
der Hals, die Hälse
halten, er hält
die Hand, die Hände
das Handy, die Handys
hart
der Hase, die Hasen
hässlich
das Haus, die Häuser
die Hecke, die Hecken
das Heft, die Hefte
heiraten, er heiratet
heiß
helfen, er hilft
hell
das Hemd, die Hemden
der Herbst
die Hexe, die Hexen
hier
die Hilfe
der Himmel, die Himmel
der Hof, die Höfe

hoffen, er hofft

holen, er holt

das Holz, die Hölzer

hören, er hört

die Hose, die Hosen

das Huhn, die Hühner

der Hund, die Hunde

hundert

hüpfen, er hüpft

der Hut, die Hüte

I

ich

der Igel, die Igel

ihm

ihn

ihnen

ihr, ihre, ihrer

im

immer

in

die Insel, die Inseln

das Internet

J

der Jäger, die Jäger

das Jahr, die Jahre

der Januar

jede, jeder, jedes

jung

der Junge, die Jungen

der Juli

der Juni

K

der Käfer, die Käfer

kalt

die Kanne, die Kannen

die Katze, die Katzen

kaufen, er kauft

der Keks, die Kekse

die Kerze, die Kerzen

das Kind, die Kinder

die Klasse, die Klassen

das Kleid, die Kleider

klein

der Knopf, die Knöpfe

der Koch, die Köche

kommen, er kommt

der König, die Könige

die Königin, die Königinnen

können, er kann

der Kopf, die Köpfe

der Korb, die Körbe

krank

die Krone, die Kronen

der Kuchen, die Kuchen

die Kuh, die Kühe

kurz

L

lachen, er lacht

das Land, die Länder

lang

langsam

lassen, er lässt

laufen, er läuft

laut

leben, er lebt

legen, er legt

die Lehrerin, die Lehrerinnen

leicht

leise

lernen, er lernt

lesen, er liest

die Leute

das Lexikon, die Lexika, die Lexiken

das Licht, die Lichter

lieb

lieben, er liebt

das Lied, die Lieder

liegen, er liegt

der Löffel, die Löffel

lustig

M

machen, er macht

das Mädchen, die Mädchen

der Mai

malen, er malt

die Mama, die Mamas

manchmal

der Mann, die Männer

das Märchen, die Märchen

der März

die Maus, die Mäuse

die Medizin

das Meer, die Meere

mehr

mein, meine, meiner

der Mensch, die Menschen

das Messer, die Messer

mich

die Minute, die Minuten

mir

mit

der Mittwoch, die Mittwoche

möchten, er möchte

mögen, er mag

die Möhre, die Möhren

der Monat, die Monate

der Mond, die Monde

der Montag, die Montage

morgen

müde

der Mund, die Münder

die Musik

müssen, er muss

mutig

die Mutter, die Mütter

die Mütze, die Mützen

N

nach

der Nachmittag, die Nachmittage

die Nacht, die Nächte

nähen, er näht

der Name, die Namen

die Nase, die Nasen

nehmen, er nimmt

neu

neun

nicht

die Nixe, die Nixen

noch

der November

nun

die Nuss, die Nüsse

O

das Obst

oder

der Ofen, die Öfen

offen

oft

ohne

das Ohr, die Ohren

der Oktober

die Oma, die Omas

der Onkel, die Onkel

der Opa, die Opas

ordentlich

das Ostern

P

der Papa, die Papas

das Papier, die Papiere

parken, er parkt

die Pause, die Pausen

die Pfanne, die Pfannen

der Pfeffer

die Pfeife, die Pfeifen

das Pferd, die Pferde

pflanzen, er pflanzt

das Pflaster, die Pflaster

pflegen, er pflegt

die Pfütze, die Pfützen

die Pizza, die Pizzas/die Pizzen

der Platz, die Plätze

plötzlich

der Polizist, die Polizisten

die Polizistin, die Polizistinnen

das Pony, die Ponys

die Post

der Preis, die Preise

der Pullover, die Pullover

die Puppe, die Puppen

die Pyramide, die Pyramiden

Q

das Quadrat, die Quadrate

quadratisch

quaken, er quakt

die Qualle, die Quallen

die Quelle, die Quellen

quengeln, er quengelt

quer

quieken, er quiekt

R

das Radio, die Radios

raten, er rät

die Ratte, die Ratten

die Raupe, die Raupen

rau

der Raum, die Räume

rechnen, er rechnet

rechts

reden, er redet

der Regen

reich

reisen, er reist

rennen, er rennt

richtig

die Richtung, die Richtungen

riechen, er riecht

der Riese, die Riesen

der Ring, die Ringe

der Ritter, die Ritter

der Rock, die Röcke

der Roller, die Roller

die Rose, die Rosen

rot

rufen, er ruft

rund

der Rüssel, die Rüssel

sagen, er sagt

sammeln, er sammelt

der Samstag, die Samstage

der Sand

der Satz, die Sätze

sauer

sausen, er saust

der Schatz, die Schätze

schauen, er schaut

schenken, er schenkt

schießen, er schießt

schimpfen, er schimpft

schlafen, er schläft

schlagen, er schlägt

schleichen, er schleicht

schließen, er schließt

der Schlitten, die Schlitten

der Schluss

schmal

schmutzig

der Schnabel, die Schnäbel

der Schnee

schneiden, er schneidet

schnell

schön

schreiben, er schreibt

schreien, er schreit

der Schuh, die Schuhe

die Schule, die Schulen

die Schüssel, die Schüsseln

schwach

schwarz

schwer

die Schwester, die Schwestern

schwimmen, er schwimmt

sechs

der See, die Seen

sehen, er sieht

sehr

die Seife, die Seifen

sein, er ist

die Sekunde, die Sekunden

der September

sieben

singen, er singt

sitzen, er sitzt

das Skelett, die Skelette

sogar

sollen, er soll

der Sommer

der Sonnabend, die Sonnabende

die Sonne, die Sonnen

der Sonntag, die Sonntage

sparen, er spart

der Spaß, die Späße

spät

der Spiegel, die Spiegel

das Spiel, die Spiele

spielen, er spielt

die Spinne, die Spinnen

der Sport

sprechen, er spricht

springen, er springt

spuken, er spukt

die Stadt, die Städte

stark

stehen, er steht

steil

der Stein, die Steine

stellen, er stellt

der Stern, die Sterne

der Stiefel, die Stiefel

der Stift, die Stifte

der Stock, die Stöcke
stolpern, er stolpert
die Straße, die Straßen
der Strauch, die Sträucher
streicheln, er streichelt
streiten, er streitet
der Strumpf, die Strümpfe
der Stuhl, die Stühle
der Sturm, die Stürme
suchen, er sucht
die Suppe, die Suppen
süß
die Süßigkeit, die Süßigkeiten

T _____

der Tag, die Tage
die Tante, die Tanten
die Tasche, die Taschen
die Tasse, die Tassen
das Taxi, die Taxis
der Teddy, die Teddys
der Tee, die Tees
der Teich, die Teiche
das Telefon, die Telefone
der Teller, die Teller
die Temperatur, die Temperaturen
der Text, die Texte
das Tier, die Tiere
der Tisch, die Tische
toben, er tobt
die Tochter, die Töchter
toll
tragen, er trägt
der Traum, die Träume
träumen, er träumt
treffen, er trifft
trinken, er trinkt

der Tropfen, die Tropfen
der Turm, die Türme
turnen, er turnt

U _____

üben, er übt
überall
überlegen, er überlegt
das Ufer, die Ufer
die Uhr, die Uhren
und
unheimlich
unter
unternehmen, er unternimmt

V _____

der Vater, die Väter
der Verkehr
verstehen, er versteht
versuchen, er versucht
viel, viele
vier
der Vogel, die Vögel
vom
von
vor
vorbei
vorlesen, er liest vor
vorspielen, er spielt vor

W _____

wach
wandern, er wandert
wann
warm
warten, er wartet

warum

was

waschen, er wäscht

das Wasser

die Watte

der Weg, die Wege

weich

das Weihnachten

weinen, er weint

weiß

weit

welche, welcher, welches

die Welle, die Wellen

die Welt, die Welten

werden, er wird

das Wetter

die Wiese, die Wiesen

das Wiesel, die Wiesel

der Wind, die Winde

winken, er winkt

der Winter

winzig

wir

wissen, er weiß

die Woche, die Wochen

wohnen, er wohnt

die Wolke, die Wolken

die Wolle

wollen, er will

das Wort, die Wörter

wünschen, er wünscht

der Wurm, die Würmer

die Wurzel, die Wurzeln

X

das Xylofon, die Xylofone

Y

das Yak, die Yaks

das Yoga

Z

die Zahl, die Zahlen

zählen, er zählt

der Zahn, die Zähne

die Zeit, die Zeiten

die Zeitung, die Zeitungen

das Zelt, die Zelte

die Ziege, die Ziegen

das Zimmer, die Zimmer

die Zitrone, die Zitronen

zu

der Zucker

der Zug, die Züge

zum

zur

zusammen

zwei

der Zwerg, die Zwerge

die Zwiebel, die Zwiebeln

zwölf

Verfasser- und Quellenverzeichnis

S. 10: Chapman, Jane, Zwerg Linde, (Übersetzerin): Ein fabelhafter Freundetag. Loewe Verlag, Bindlach 2012 (gekürzter Auszug). **S. 12:** Krenzer, Rolf: Das wünsch ich mir. Aus: Krenzer, Rolf: Hallo, Tag. Mein Kalenderbuch, Lahnverlag, Limburg 1990. **S. 12:** Schwarz, Regina: Wen du brauchst. Aus: Gelberg, Hans-Joachim (Hrsg.): Überall und neben dir. Beltz & Gelberg, Weinheim 1986. **S. 13:** Holtei, Christa: Die Sprachbrücke. Aus: Holtei, Christa/Holland, Carola: ABC-Suppe und Wortsalat. Patmos Verlag BmbH und Co. KG, Düsseldorf 2006, S. 51. **S. 13:** Wittkamp; Frantz: Gestern. Aus: Berner, Rotraut Susanne/Jacoby, Edmund: Dunkel war's, der Mond schien helle. Gerstenberg Verlag, Hildesheim 1999, S. 104. **S. 14:** Holtei, Christa: Sprachlos. Aus: Holtei, Christa/Holland, Carola: ABC-Suppe und Wortsalat. Patmos Verlag GmbH und Co. KG, Düsseldorf 2006, S.6. **S. 16:** Mai, Manfred: Felix' größter Wunsch. Aus: Mai, Manfred: Volltreffer für Felix (Textauszug). Loewe Verlag GmbH, Bindlach 2000. **S. 18:** Hill, Jen/Olten Manuela: Fridolin und Flöckchen. Tulipan Verlag GmbH, Berlin 2012 (gekürzter Auszug). **S. 19:** Härtling, Peter: Sofie hat einen neuen Pullover. Aus: Härtling, Peter: Sofie macht Geschichten, Beltz & Gelberg Verlag Weinheim/Basel 1987. **S. 42:** Guggenmos, Josef: Meine Bücher. Aus: Guggenmos, Josef: Das kunterbunte Kinderbuch. Herder-Verlag, Freiburg, 1962. **S. 43:** Maiwald, Peter: Der Wurm und die Ratte. Aus: Sailer, Sybille/Büchner Sabine (Hrsg.): Sieben kecke Schnirkelschnecken. Lustige Kindergedichte und Reimspaß zum Lachen. Arena Verlag, 2010. **S. 44:** Funke, Cornelia: Der Bücherfresser. Aus: Funke, Cornelia: Cornelia Funke erzählt von Bücherfressern, Dachbodengespenstern und anderen Helden. Loewe Verlag 2011 (gekürzt). **S. 47:** Moser, Erwin: Xaveria Rotpelz, die Bücherkatze. Aus: Moser, Erwin: Der Siebenschläfer. Beltz Verlag, Weinheim und Basel, 1991. **S. 48:** Pauli, Lorenz/Schärer, Kathrin: Pippilothek??? Eine Bibliothek wirkt Wunder (Titel und Text gekürzt). Atlantis Verlag 2011. **S. 54:** Boie Kirsten/Scharnberg, Stefanie: Kann doch jeder sein, wie er will. Oetinger Verlag 2002. (kurzer Auszug). **S. 54:** Knister, Schulmeyer, Heribert: Die Sockensuchmaschine. Arena Verlag 1989 (kurzer Auszug). **S. 54:** Funke, Cornelia: Cornelia Funke erzählt von Bücherfressern, Dachbodengespenstern und anderen Helden. Loewe Verlag 2004 (kurzer Auszug). **S. 72:** Lakomy, Reinhard/Ehrhardt-Lakomy, Monika: Ich bin der Traumzauberbaum. © Rechte beim Urheber. **S. 74:** Künne, Ernst-J. & Roswitha: Oskars Fenster und der Mond. Aus: O wie schön. Oskars bunte Tag-Traum-Geschichten. Künne Verlag, Köln 1996. **S. 76:** Maar, Paul: Eine Woche voller Samstage. Aus: Maar, Paul: Eine Woche voller Samstage; Verlag Friedrich Oetinger, Hamburg 1973 (gekürzt). **S. 78:** Dietl, Erhard: Manchmal wär ich gern ein Tiger (Auszug). ars Edition 2011. **S. 79:** Kaufhold, Dörte: Manchmal. Aus: Forytta, Claus: Kindergedichte erleben und verstehen. Cornelsen Verlag, Berlin 2003. **S. 80:** Schirneck, Hubert/Graupner, Sylvia: „Was ist ein Traum?", fragte Jonas. 2. Auflage. Verlag Jungbrunnen, Wien/München 2003 (gekürzter Auszug). **S. 104:** Langen, Annette: Briefe von Felix – Ein kleiner Hase auf Weltreise. Illustrationen von Constanze Droop. Coppenrath Verlag, Münster 1994. **S. 106:** Caroll, Lewis: Alice im Wunderland. Übersetzung von Erika Krammer, Verlag Gossau. Zürich, Hamburg, Salzburg 1999. **S. 108:** Scheffler, Axel/Donaldson, Julia: Für Hund und Katz ist auch noch Platz. 13. Auflage. Beltz und Gelberg 2001 (gekürzter Auszug). **S. 110:** Schimmler, Ute: Ein englisches Spiel. Originalbeitrag. **S. 112:** Hagen, Hans und Monique: One – two – three. Aus: Hagen, Hans und Monique: Wie sehr ich dich mag. Oetinger Verlag, Hamburg 2001. **S. 134:** Frey, Jana: Das Hundebaby am Strand. Lesetiger. Hundegeschichten. Loewe Verlag 2005.

S. 136: Was braucht ein Hund. Aus: Wieso? Weshalb? Warum? Haustiere. Ravensburger Buchverlag 2009. **S. 137:** Toll, Claudia: Blindenführhunde sind besondere Hunde (gekürzt, leicht verändert). Aus: Toll Claudia: Hunde. Lesen Staunen Wissen. Gerstenberg Verlag 2012. **S. 138:** Trautmann, Sabine: Wie Tiere ihre Umwelt wahrnehmen – Originalbeitrag. **S. 139:** Heine, Helme: Heute geh ich aus dem Haus. Aus: Heine, Helme: Vom Sehen, Hören, Schmecken, Riechen und …, Middelhauve Verlag, Köln, Zürich 1990. **S. 140:** Schulze, Hanneliese: Mit den Füßen sehen. Aus: Laterne, Laterne Oetinger Verlag 2004. **S. 141:** Diederichs, Saskia: Wo ist mein Baum? – Originalbeitrag. **S. 143:** Hoffmann, K. W./Mika, Rudi: Das Lied von den Gefühlen. ARD Mediathek (?). **S. 146:** Scheffler, Ursel: Paulas sieben Haustiere (gekürzt). Ellermann Verlag 2011. **S. 164:** Ellermann, H.: Das Rübenziehen. Aus: Ellermann, H. (Hrsg.): Russische Volksmärchen. Übersetzung Xaver Schaffgotsch, Hamburg und München 1964. **S. 165:** Grimms Märchen: Die drei Federn (gekürzt). Aus: Märchen der Brüder Grimm. Beltz & Gelberg Verlag. **S. 169:** Jatzek, Gerold: Rumpelstilz sucht Freunde. Aus: Gelberg, Hans-Joachim: Großer Ozean: Gedichte für alle. Beltz Verlag, Weinheim 2000. **S. 170:** Hall, Werner: AEIOU. Aus: Bilder und Gedichte für Kinder. Westermann, Braunschweig 1971. Lizenzausgabe für die Benziger Edition im Arena Verlag, Würzburg 1990. **S. 171:** Shaw, Elizabeth: Zilli, Billi und Willi. Beltz Kinderbuch Verlag, Weinheim und Basel. **S. 172:** Kulot, Daniela: Ein kleines Krokodil mit ziemlich viel Gefühl. Aus: Kulot, Daniela: Das große Buch von Krokodil und Giraffe. Thienemann Verlag 2013. **S. 192:** Haas, Bärbel: Der Kern & Das Jahr der Sonnenblume. GT Verlag Würzburg 2000. **S. 194:** Herbstlied. Ihr Blätter, wollt ihr tanzen. Melodie: überliefert. Text: G. Lang © G. Lang. **S. 195:** Meiers, Kurt: Wir suchen den Herbst. Aus: Deutsch. Praxis Grundschule, Heft 4, 1988. Westermann Grundschulverlag GmbH Braunschweig. **S. 196:** Schölling, Josef: So ein dicker Nebel. Aus: Aschendorffs Lesebuch für katholische Volksschulen. Aschendorffsche Verlagsbuchhandlung Münster 1965. **S. 197:** Wolf, Winfried: Der Mann mit dem Hut. Aus: U. Wensel/W. Wolf: Warum die Eisbären schwarze Nasen haben. Ravensburger Buchverlag Otto Maier, Ravensburg 1988. **S. 199:** Holzmeister, Lieselotte (Text)/Klein, Richard (Melodie): Durch die Straßen (1. Strophe ohne Noten). © Fidula-Verlag Holzmeister GmbH. **S. 199:** Liebner-Möller, Sonja: Eine Piri-Laterne basteln – Originalbeitrag. **S. 200:** Hobelmann, Mona: Wann fängt der Winter eigentlich an? – Originalbeitrag. **S. 201:** Schweiggert, Alfons: Der erste Schnee. Aus: Kindergedichte rund ums Jahr. Falken, Niedernhausen 1989. **S. 202:** Blum, Lisa-Marie: Im Advent. Aus: Blum, Lisa-Marie: Neue Reime für liebe Kinder. Ehlermann Dresden 1947. **S. 203:** Guggenmos, Josef: Ich male mir den Winter. Aus: Das Geisterschloss. Rowohlt Taschenbuchverlag Reinbek 1974. **S. 204:** Michels, Tilde: Es klopft bei Wanja in der Nacht. DTV Junior. München 2000. **S. 206:** Heger, Ann-Kathrin: Das Wunder auf der Wiese (gekürzt). Kerle in Herder 2013. **S. 208:** Heine, Helme: Der Hase mit der roten Nase. Aus: Ein Middelhauve-Bilderbuch. Middelhauve Verlag, Köln und Zürich 1987 **S. 209:** Diederichs, Saskia: Mein Oster-Gedicht – Originalbeitrag. **S. 210:** Nordqvist, Sven: Aufruhr im Gemüsebeet. Übersetzung Angelika Kutsch, Friedrich Oetinger Verlag Hamburg 1991. **S. 211:** Diederichs, Saskia: Kresse fürs Klassenzimmer – Originalbeitrag. **S. 212:** Moser, Erwin: Gewitter. Aus: Überall und neben dir. Beltz & Gelberg Weinheim 1986. **S. 213:** Schimmler, Ute/Trautmann, Sabine: Ferien zu Hause – Originalbeitrag. **S. 215:** Siebenschläfer: Wissens-karten – Siebenschläfer. Medienwerkstatt Wissen, 2006 – 2008. **S. 214:** Pardoel, Zita: Wenn die Frösche baden gehen. Aus: Spielen und Lernen. Jahrbuch für Kinder 1996. Velber Verlag, Seelze. **S. 214:** Schneider, Antonin: Die drei Fische. Aus: Knödler, Christine (Hrsg.): Geschichtenkoffer für Glückskinder. Erzähltes, Gemaltes, Gereimtes, Ungereimtes, Tiefsinn und Unsinn. Boje Verlag, Köln 2007.

Bildquellennachweis

8.1 Fotolia.com (Christian Schwier), New York; **8.2** shutterstock (Monkey Business Images), New York, NY; **8.3** Thinkstock (iStock), München; **9.1** Thinkstock (Digital Vision), München; **9.2** Thinkstock (iStock), München; **9.3** Thinkstock (iStock), München; **10.1** Jane Chapman, Ein fabelhafter Freundetag. Illustriert von der Autorin © 2012 Little Tiger Press, an imprint of Magi Publications, London © für die deutsche Ausgabe: 2012 Loewe Verlag GmbH, Bindlach; **10.2** Jane Chapman, Ein fabelhafter Freundetag. Illustriert von der Autorin © 2012 Little Tiger Press, an imprint of Magi Publications, London © für die deutsche Ausgabe: 2012 Loewe Verlag GmbH, Bindlach; **11.1** Jane Chapman, Ein fabelhafter Freundetag. Illustriert von der Autorin © 2012 Little Tiger Press, an imprint of Magi Publications, London © für die deutsche Ausgabe: 2012 Loewe Verlag GmbH, Bindlach; **11.2** Jane Chapman, Ein fabelhafter Freundetag. Illustriert von der Autorin © 2012 Little Tiger Press, an imprint of Magi Publications, London © für die deutsche Ausgabe: 2012 Loewe Verlag GmbH, Bindlach; **11.3** Jane Chapman, Ein fabelhafter Freundetag. Illustriert von der Autorin © 2012 Little Tiger Press, an imprint of Magi Publications, London © für die deutsche Ausgabe: 2012 Loewe Verlag GmbH, Bindlach; **11.4** Jane Chapman, Ein fabelhafter Freundetag. illustriert von der Autorin © 2012 Little Tiger Press, an imprint of Magi Publications, London © für die deutsche Ausgabe: 2012 Loewe Verlag GmbH, Bindlach; **18.1** Manuela Olten, Fridolin und Flöckchen © 2012 Tulipan Verlag Berlin; **18.2** Manuela Olten, Fridolin und Flöckchen © 2012 Tulipan Verlag Berlin; **18.3** Manuela Olten, Fridolin und Flöckchen © 2012 Tulipan Verlag Berlin; **22.1** Klett-Archiv (Christian Günther), Stuttgart; **36.1** Klett-Archiv (Christian Günther), Stuttgart; **36.2** Klett-Archiv (Christian Günther), Stuttgart; **37.1** Klett-Archiv (Christian Günther), Stuttgart; **37.2** Klett-Archiv (Christian Günther), Stuttgart; **45.1** Klett-Archiv, Stuttgart; **45.2** Cornelia Funke: Cornelia Funke erzählt von Bücherfressern, Dachbodengespenstern und anderen Helden © 2011 Loewe Verlag GmbH, Bindlach; **46.1** Picture-Alliance (Landov), Frankfurt; **46.2** Cornelia Funke, Die wilden Hühner © 1993 Dressler Verlag in der Verlagsgruppe Friedrich Oetinger, Hamburg; **46.3** Interfoto (MNG Collection), München; **46.4** Cornelia Funke: Cornelia Funke erzählt von Bücherfressern, Dachbodengespenstern und anderen Helden © 2011 Loewe Verlag GmbH, Bindlach; **46.5** JUMBO Neue Medien & Verlag GmbH, Hamburg, Hamburg; **46.6** Aktive Musik Verlagsgesellschaft mbH, Dortmund; **46.7** Cornelia Funke, Als der Weihnachtsmann vom Himmel fiel. Mit Illustrationen von Regina Kehn © 2001 Dressler Verlag in der Verlagsgruppe Friedrich Oetinger, Hamburg; **46.8** Cornelia Funke, Gespensterjäger auf eisiger Spur, illustriert von Cornelia Funke, © 1993, 2005 Loewe Verlag GmbH, Bindlach; **48.1** Lorenz Pauli/Kathrin Schärer, PIPPILOTHEK??? - Eine Bibliothek wirkt Wunder. Copyright © 2011 Atlantis, ein Imprint der Orell Füssli Verlag AG, Schweiz; **48.2** Lorenz Pauli/Kathrin Schärer, PIPPILOTHEK??? – Eine Bibliothek wirkt Wunder. Copyright © 2011 Atlantis, ein Imprint der Orell Füssli Verlag AG, Schweiz; **49.1** Lorenz Pauli/Kathrin Schärer, PIPPILOTHEK??? – Eine Bibliothek wirkt Wunder. Copyright © 2011 Atlantis, ein Imprint der Orell Füssli Verlag AG, Schweiz; **49.2** Lorenz Pauli/Kathrin Schärer, PIPPILOTHEK??? –

Eine Bibliothek wirkt Wunder . Copyright © 2011 Atlantis, ein Imprint der Orell Füssli Verlag AG, Schweiz; **50.1** Picture-Alliance (Sueddeutsche), Frankfurt; **50.2** Klett-Archiv, Stuttgart; **50.3** Picture-Alliance (ZB), Frankfurt; **51.1** shutterstock (wavebreakmedia), New York, NY; **51.2** ddp images GmbH (Torsten Silz), Hamburg; **52.1** Susann Pawlowsky, Markkleeberg; **54.1** Antonia Michaelis/Cornelia Haas: Lesepiraten Detektivgeschichten © Loewe Verlag, Bindlach 2013; **54.2** Doris Rübel: Wieso? Weshalb? Warum? Tiere und ihre Kinder © 2005 by Ravensburger Buchverlag Otto Maier GmbH, Ravensburg; **54.3** Stéphanie Lédu/Anne Brauner, Der Tiger © Esslinger Verlag J. F. Schreiber GmbH, Esslingen; **54.4** Cover: Janosch: Post für den Tiger © 2011 Beltz & Gelberg in der Verlagsgruppe Beltz, Weinheim/Basel; **68.1** Renate Welsh, Das Vamperl. Mit Illustrationen von Heribert Schulmeyer © dtv, München 1985; **68.2** Klett-Archiv (Christian Günther), Stuttgart; **68.3** Klett-Archiv (Christian Günther), Stuttgart; **68.4** Klett-Archiv (Christian Günther), Stuttgart; **69.1** Klett-Archiv (Christian Günther), Stuttgart; **70.1** Klett-Archiv (Christian Günther), Stuttgart; **72.1** Klett-Archiv (Illu: Sylvia Graupner, Texte: Sinja Lieber-Möller), Stuttgart; **74.1** aus: Ernst J. und Roswitha Künne, O wie schön. Oskars bunte Tag–Traum–Geschichten. Künne Verlag Köln 1996; **76.1** Illustration von Paul Maar, aus: Am Samstag kam das Sams zurück © Verlag Friedrich Oetinger, Hamburg 1980; **76.2** Illustration von Paul Maar, aus: Am Samstag kam das Sams zurück © Verlag Friedrich Oetinger, Hamburg 1980; **77.1** Paul Maar. Eine Woche voller Samstage. Text von Paul Maar. Einband und Illustrationen von Paul Maar. © Verlag Friedrich Oetinger, Hamburg 1973; **80.1** aus: Schirneck/Graupner, "Was ist ein Traum?", fragte Jonas © 2003 by Verlag Jungbrunnen Wien; **80.2** aus: Schirneck/Graupner, "Was ist ein Traum?", fragte Jonas © 2003 by Verlag Jungbrunnen Wien; **81.1** aus: Schirneck/Graupner, "Was ist ein Traum?", fragte Jonas © 2003 by Verlag Jungbrunnen Wien; **81.2** aus: Schirneck/Graupner, "Was ist ein Traum?", fragte Jonas © 2003 by Verlag Jungbrunnen Wien; **89.1** Klett-Archiv, Stuttgart; **100.1** Klett-Archiv (Tim), Stuttgart; **100.2** Klett-Archiv (Halil), Stuttgart; **100.3** Klett-Archiv (Julie), Stuttgart; **100.4** Klett-Archiv (Duru Su), Stuttgart; **100.5** Klett-Archiv (Jermaine), Stuttgart; **101.1** Klett-Archiv (Sina), Stuttgart; **104.1** Annette Langen, Briefe von Felix. Illustrationen von Constanze Droop. Mit freundlicher Genehmigung des Coppenrath Verlages, Münster; **104.2** Annette Langen, Briefe von Felix. Illustrationen von Constanze Droop. Mit freundlicher Genehmigung des Coppenrath Verlages, Münster; **105.1** Annette Langen, Briefe von Felix. Illustrationen von Constanze Droop. Mit freundlicher Genehmigung des Coppenrath Verlages, Münster; **105.2** Annette Langen, Briefe von Felix. Illustrationen von Constanze Droop. Mit freundlicher Genehmigung des Coppenrath Verlages, Münster; **107.1** Getty Images (Hulton Archive), München; **109.1** Verlag Beltz & Gelberg, Weinheim; **109.2** Interfoto (Writer Pictures Ltd/Robert Perry/TSPL/Writer Pictures), München; **111.1** gemeinfrei; **113.1** Klett-Archiv (Kinderarbeit Mona Hobelmann), Stuttgart; **113.2** Klett-Archiv (Kinderarbeit Mona Hobelmann), Stuttgart; **113.3** Klett-Archiv (Kinderarbeit Mona Hobelmann), Stuttgart; **113.4** Klett-Archiv (Kinderarbeit Mona

1. Auflage   1 6 5 | 2020 19 18

Alle Drucke dieser Auflage sind unverändert und können im Unterricht nebeneinander verwendet werden.
Die letzte Zahl bezeichnet das Jahr des Druckes.

Autoren der Neubearbeitung: Saskia Diederichs, Konstanz; Mona Hobelmann, Melle;
Stephanie Kollatz-Block, Königswinter; Sonja Liebner-Möller, Troisdorf
Autoren der Basisausgabe: Kerstin Ende, Singen; Sonja Liebner-Möller, Troisdorf; Ute Schimmler, Bremen;
Karin Schramm, Gießen; Sabine Trautmann, Berlin
Wissenschaftliche Beratung: Prof. Dr. Bernhard Meier, Nürnberg
Beratung: Bettina Ackermann, Kreiensen; Petra Almstedt-Salten, Peine; Barbara Christmann, Leer;
Astrid Haasler, Peine; Rita Lemper, Belm; Renate Mohrmann, Sudwalde; Sabine Noll, Braunschweig;
Melanie Rabe, Bramsche; Gabriele Scheja-Kohlmorgen, Hannover; Katja Walkenhorst, Belm;
Juliane Wilke, Ahlerstedt

Redaktion: Susann Pawlowsky
Herstellung: Sabine Banse

Layoutkonzeption: Sabrina Grimm, München
Illustrationen: Friederike Ablang, Berlin; Thorsten Droessler, Leipzig; Anke Fröhlich, Leipzig;
Sylvia Graupner, Annaberg; Cleo-Petra Kurze, Berlin; Gudrun Lenz, Berlin;
Dieter Konsek, Wilhelmsdorf; Friederike Schumann, Berlin
Umschlaggestaltung: Ernst Klett Verlag
Umschlagillustration: Anke Fröhlich, Leipzig
Druck: Himmer GmbH Druckerei, Augsburg

Printed in Germany
ISBN 978-3-12-300420-9